TOEICテストに頻出する1000フレーズ

CDを聞くだけで英語表現が覚えられる本

TOEIC is a registered trademark of Educational Testing Service(ETS).
This publication is not endorsed or approved by ETS.

赤井田 拓弥
Takuya Akaida

中経出版

はじめに

ハンズフリーで
英会話に役立つ英語表現が習得できます。
さらに、TOEICのリスニング対策もできます!

こんにちは。本書をお手に取ってくださりありがとうございます。
本書には、英会話でよく使われる表現をいろいろな角度から厳選し、幅広く掲載しました。英会話表現の習得にぜひお役立てください。
また、TOEICのリスニング部門の問題形式に準拠した英文を数多く掲載しましたので、TOEICのリスニング対策としても最適です。
英語も日本語もCDに収録されていますから、ハンズフリーで学習できます。忙しくて机に向かえない方に最適です。

本書とCDの特長

特長① CDを聞くだけで、英文とその意味が分かる。

　CDでは、英語とその日本語の意味が交互に収録されています。英文を聞いたすぐあとに日本語を聞き、その意味を頭の中でイメージしながら理解できます。ですから、テキストなしでの「ハンズフリー学習」が可能です。
　また、この英語と日本語は、左右のトラックに別々に録音されています。左のトラックに英文が、右のトラックに日本語が入っています。つまり、右側のイヤホンを外せば英語だけが聞こえ、左側のイヤホンを外せば日本語だけが聞こえます。そして、こうした特長を生かしたいろいろな効果的学習が可能です。この「効果的学習法」については、各章の冒頭で紹介します。

特長② 英会話に役立つ表現が習得できる。

　本書では、日常生活やビジネスの場面をあらゆるジャンルに細かく分け、そこで使われる英語表現を細かく想定して掲載しました。
　第1章は、質問文とその典型的な応答の形になっています。第2章では、自分が発話する場面を想定し、いろいろな状況での発話型の英文を載せまし

＊付属のCDはCDプレーヤーでご使用ください。パソコン等で使用すると不都合が生じる場合があります。

た。第3章では、旅行や英語圏での生活でよく耳にする「生活英語」のアナウンス表現を収集しました。

特長①で紹介したＣＤの特性を活かした学習法で、日常生活やビジネスですぐに役立つ英語表現を習得していきましょう。

特長③　TOEICのリスニング対策に最適！

本書は、TOEICのリスニング対策にも最適です。TOEICと言うと何か特別なTOEIC用の英語があるように思っている人も多いかと思います。ですが、TOEIC用の特別な英語というものはありません。TOEICでは、英語圏の人たちが日常ふつうに使っている「生活英語」の中から出題されます。ですから、日常会話の英語学習が、そっくりそのままTOEICのリスニング対策になるというわけです。

本書では、TOEICのリスニング部門の出題形式に合わせて、それぞれの章の内容を次のようにしました。

第1章
　⇒ TOEICのPart 2に頻出の質問文と応答が満載です。

第2章
　⇒ TOEICのPart 3の会話でよく使われる表現の中から、特に発話型の表現を集めました。

第3章
　⇒ TOEICのPart 4でよく使われるアナウンス表現を収集しました。特に、英語圏での生活を想定したアナウンスに焦点を当てています。

上で述べましたように、TOEICで使われる英語はふつうの「生活英語」ですから、日常英会話の学習がそのままTOEICの受験対策になりますし、逆に、TOEICの受験対策が日常英会話の勉強にもつながるというわけです。

リスニングとスピーキングの両面から英会話力を伸ばす

　本書は、英会話に役立つ英語表現を覚え、TOEICに対応できるリスニング力向上のお手伝いをする本です。ですから、この「まえがき」では、英会話の学習法について少し述べてみたいと思います。

英会話に対して過度の期待をしないこと

　英会話の勉強を始めたけれど途中で投げ出してしまったという人もけっこう多いのではないでしょうか。楽器の練習でも、なかなか思ったとおりに上達しなくて辞めてしまった人も多いことでしょう。なぜでしょうか。

　多くの学習者たちは自分の英会話（スピーキング力）に対して、上達度を期待し過ぎているのではないかと思います。ネイティブスピーカーと同じような表現や発音で話そうとしたり、まだ聞き取れない表現もすぐにスピーキングに取り入れようとしたりしているのでは？　それは無理です。聞き取れないことは話せません。

　では、ここでちょっと、リスニング能力とスピーキング能力の関係について考えてみましょう。

リスニング能力とスピーキング能力の関係

　言語能力では、「リスニング能力が常にスピーキング能力に先んじ、そして上回る」という大原則があります。聞いて理解できないことを話せる人はいません。これは、自分の日本語の習得過程を考えてみると分かるかと思います。ある人の話を聞いてよく理解できるからといっても、その内容をそのまま話せるとは限りません。

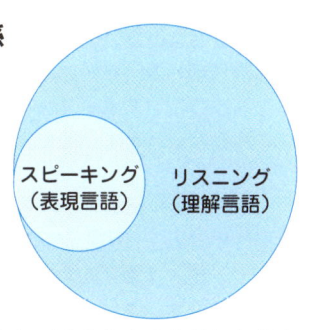

　リスニング力とスピーキング力の関係を図にしてみると上のようになります。この割合を、英語のネイティブスピーカーの語彙力で考えると、次のようになります。

> 知っている単語（理解語）＝約50,000語
> 使う単語（使用語）＝約5,000語

　つまり、スピーキング能力の10倍ものリスニング能力をつけていないと

思ったことを十分に話せないということです。聞く能力を身につけないで一足飛びに話す能力をつけることは、残念ながらできないのです。

スピーキングにむずかしい単語は要らない

「話せるようになるためにはその10倍のリスニング能力が必要だ」と、ちょっと目の前が真っ暗になってしまいそうなことを述べましたが、あまり悲観しないでください。学習法はあります。

英会話の上手な人の英語をよく聞いていると、実は、使っている単語や構文はそんなに高度なものではないことに気づくでしょう。よく「英会話は中学英語のレベルで十分だ」ということを聞きますが、スピーキングに関してだけ言うと、それは事実です。ただ、これを誤解し、リスニング力を含めた英語能力全体で「中学英語で十分だ」と思っている人もいるようですが、これは間違いです。しっかりしたリスニング力とリーディング力、ライティング力のためには、中学英語を超えた語彙力、構文力、文法力などが必要です。スピーキングについて言いますと、使う単語は2,500語くらいあれば、あとは使い方によりますが、だいたい言いたいことは伝えられるのではないでしょうか。これだったら十分に習得可能でしょう。

スムーズな英会話のために必要なこと

さて、これまで英会話の中でも「話す」ほうを中心に述べてきましたが、当然のことながら、英会話は「聞く」と「話す」があって成り立つものです。一方的に話しているだけ、逆に聞いているだけでは会話は成り立ちません。

では、ここでスムーズな英会話に必要なことを、リスニングとスピーキングの両面から考えていきましょう。

① 相手の言うことを理解する

当然すぎることですが、相手の言っていることが理解できなければ、返答のしようがありません。つまり、英会話の第一歩は「リスニング」ということになります。ただ、「一字一句を聞き取れなければ理解できない」と思っている人が多いように思いますが、そうではありません。「どのように言ったか」は分からなくても「どういうことを言ったか」が分かれば、内容は理解できるのです。

この聞き方の学習法は、後半の「英会話力アップとTOEICのリスニング対策が同時にできる本書の学習法」で紹介します。

② すぐに応答する「即応性」が必要

　英会話に必要なのは、相手の言ったことにすぐに返事をする「即応性（クイックレスポンス）」です。相手の発言に対して直ちに反応しなければ会話にならず、相手の人はイライラしてしまうでしょう。これではスムーズなコミュニケーションになりません。何か言われたら、すぐに何かを返しましょう。

　英語を話すとき、言いたいことを日本語で考え、それを英語に直して話していると、このクイックレスポンスは身につきません。文法や構文のことを考えずに、即座に返します。逆に、クイックレスポンスの習慣が身につくと、自然と「英語で考える」ようになります。

③ 完ぺき主義を捨て、あいまいさに寛容になろう

　クイックレスポンスの習慣を身につけるために非常に大切なことは、「完ぺき主義」を捨てることです。テレビなどで、ヨーロッパや中近東など非英語圏の人たちにインタビューしているシーンを見ることがあります。そして、その人たちの英語はあまりきれいだとは言えない発音だったり、文法的にも間違った言い方だったりすることがありますが、インタビュアに対して即座に答えていますし、間違った英語を恥ずかしいと感じているようには思えません。

　私たち日本人は、「自分の英語は正しくないのではないか」とか「こんな発音では恥ずかしい」と思い、堂々としゃべらないことが多いようです。この完ぺき主義が英語学習の大きな障害となっているのです。ネイティブスピーカーは、自分の母語である英語の理解の許容範囲が広いものです。少しくらい悪い発音でも、文法が違っていても理解してくれます。つまり「あいまい」でいいのです。

　完ぺき主義を捨てましょう。そして、あいまいさに寛容になりましょう。

④ 言いたいことを創造する

　スピーキングは、本来、他人から教えてもらうべきものではありません。このように書くと、「英語表現を教える本なのに矛盾したことを言っている」と思われるかもしれません。でも、自分の言いたいことは自分で考えるべきであって、他人に自分の考えを代わってもらうことはできませんね。

　もちろん、初期の段階では「知識言語」としてある程度の言語表現の方法は学習しなければなりません。中学や高校での学習がそれに当たりますし、本書を含めた多くの英語教材が言語表現を教えるものになっています。学習

の初期の段階は、それでも止むを得ないことでしょう。しかし、学習が進むにつれて、話す内容を自分で考え、組み立て、展開していくようにならなければなりません。

言いたいことは自分で考える（創造する）スピーキング方法をぜひとも習得しましょう。

⑤ パターンプラクティスから脱却する

英会話の勉強と言うと、英会話教材のダイアログや表現をそのまま暗記するのが当然だと思っていませんか。それは、ある意味では Yes ですが、また、ある意味では No です。学習の初期の段階では英語表現を丸暗記することも必要でしょう。しかし、暗記にこだわりすぎるのは危険です。暗記すればするほど、こんどは自分で考えてそれを英語で言おうとする習慣がなくなってしまいます。極端な例では、その場の雰囲気や何を言わなければならないかという状況をよく考えもしないで、暗記して知っていることだけをとにかく口に出して言おうとします。これでは相手の人も面食らってしまうでしょうし、そのあとのコミュニケーションが続きません。

このように、あらゆる状況を考えて英語表現を数多く暗記していっても、実際の会話では、話す相手やその場の状況によって話すべきことがどんどん変わっていき、その場の状況にぴったり合った表現というのはそうはないものです。コロコロ変わる状況に臨機応変に対応できるスピーキング力が必要なのです。自分の言いたいことは自分で創造して（クリエイトして）言わなければならないことが分かるでしょう。

オウム返しのパターンプラクティスも、学習の初期の段階では最低限必要ですが、これからはできるだけ早く脱却し、クリエイティブ・スピーキングを目指すことが大切です。

⑥ 使用言語レベルを下げる

「リスニングの学習は現在の英語力より一段階上のものを聞く」と聞いたことがありますか。これは、リスニング力を伸ばす秘訣としてよく言われる言葉です。最初からずっと上のレベルの英語を聞き続けても辛いだけですし、達成感を得られません。その点、今の自分のレベルよりもちょっと上のレベルであれば、手ごたえを感じながら聞くことができ、達成感を味わいつつリスニング力をつけていくことができるのです。

一方スピーキングの場合は、「今の英語力よりも下のレベルの英語を使って話す」ということになります。これは大切なことです。自分が今持っているレベルでそのまま話すのは至難の業です。スピーキングは瞬時に行われる

ものですから、自分の力を常に 100 パーセント出し切るのは無理です。ですから、自分の持っている英語力よりもレベルを下げ、緊張を伴わない、余裕を持ったスピーキングを心がけるのがいいのです。

使用言語レベルを下げたスピーキングの具体的な方法としては、次のようなことが考えられます。

> 1. できるだけ短文を使う。
> 2. 複雑な構文は使わない。
> 3. 簡単な単語を使う。

レベルを下げて話すと言っても、話題のレベルを下げるということではありません。使う単語や構文、文の長さのレベルを下げるということです。このように述べますと、相手が自分をバカにしないかとか、幼稚な単語や文法では話の内容自体が幼稚になりはしないかと心配になるかもしれませんが、心配はご無用です。会話は相手との相互のやりとりで成り立つものですから、話を続けているうちに、自然とこちらが話す英語は相手の英語に影響を受けながら育っていくものです。

もともと、思考自体が幼稚であるわけではありませんから、話の内容自体が幼稚になるということはまずありません。

⑦ 知識言語から脱却して生活英語を浴びよう

受験勉強などで、知識言語としての英語をしっかり身につけて留学した人が最初に味わう悲哀感は、まわりの英語が分からないということでしょう。単語力も文法力もあり、むずかしい英語が読めるだけの読解力もつけたはずなのに、会話だけでなく、看板や標識の意味も分からなくて絶望感を味わうことがあります。

しかし、数か月もすると、周囲の英語も分かってくるようになり、自分でもいろいろと発話していくようになります。この間、文法力や語彙力が飛躍的に伸びたのかと言うと、そうでもありません。伸びたのは「生活英語力」です。

1 年程度の留学から帰った人からよく聞く言葉に「留学中に語彙力が増えたとは思えないが、単語の使い方を覚えた」というのがよくあります。この「単語の使い方を覚えた」ということ自体が、「生活英語力を身につけた」ことにほかなりません。このように、生活英語力を伸ばすことが、真の意味での英語力を伸ばすということになるのです。

本書でも、生活英語を楽しみながら身につける表現を数多く用意しました。生活英語を浴び、英語力が急上昇することを期待します。

英会話力アップと TOEIC のリスニング対策が同時にできる本書の学習法

本書を使って、こうした能力を培っていく各章の学習の進め方を見ていきましょう。

第1章「イメージリスニングとクイックレスポンス」

TOEIC のリスニング部門の Part 2「応答問題」の出題形式に合わせ、質問文とその応答をセットで掲載しました。次のような学習で、リスニング力と会話表現力を伸ばしていきましょう。下の3つの学習法は 16 〜 19 ページで詳しく説明しています。

1. 状況判断力を習得する

TOEIC では、次々に質問文とその応答が流れ、その中から正しい応答文を選択しなければなりません。質問文を聞いた瞬間に、場所はどこか、質問者は誰か、誰に対する質問かといった状況を判断する必要があります。この「状況判断力」は、適切な応答文を選択するのに非常に重要な要素です。

2. 聞き取れなくても理解できるイメージリスニング

「相手がどう言ったのか細かいことは分からなかったが、何を言いたかったのかは理解できた」ということはよくあります。つまり、聞き取れていないのに内容が理解できているのです。これがイメージリスニングです。

3. すばやく応答できるようになるクイックレスポンス

英会話で何としても必要なのは「即応性(クイックレスポンス)」です。相手の言ったことにすぐに答えを返さなければ、会話はだらけてしまいますし、コミュニケーションが成り立ちません。

第2章「言いたいことが言えるクリエイティブ・スピーキング」

この章は、TOEIC の Part 3「会話問題」に合わせた内容となっています。また、「言いたいことが言える…」というタイトルに沿うように、A-B-A あるいは A-B-A-B といった会話のBの発言に合わせた内容になっています。次の

3つの学習法は80〜83ページで詳しく紹介しています。

1. 状況判断力を習得する

TOEICのPart 2の場合と同じように、Part 3でも「どこでの会話か」とか「内容は何か」といった質問が出されます。会話を聞いてすぐにこうした状況を判断する能力が求められます。

2. リピーティング

これは、言わば「口慣らし」トレーニングです。そろばんの指慣らしやキーボードのブラインドタッチのように、意識しなくてもできるようになる学習法です。むずかしいと言われる発音や音のつながり（リンキング）などが習得できます。

3. クリエイティブスピーキング

これが章タイトルの「言いたいことが言える」ようになるトレーニングです。テキストやＣＤの中から、自分に合った表現、内容、言い方などをピックアップし、自分なりにアレンジして発話できるようにするトレーニングです。

第3章「生活英語を楽しむプラクティカル・リスニング」

この章は、TOEICのPart 4「説明文問題」に出題されやすいトピックを選んで、その中から典型的なアナウンス表現を掲載しました。海外旅行やホームステイ、留学、駐在などの機会によく耳にするアナウンスです。あなたの英語力を側面から支援する表現を十分に楽しんでください。

1. 状況判断力を習得する

TOEICのPart 4でも「場所はどこか」とか「内容は何か」といった質問が出されます。アナウンスの状況を瞬時に判断する能力を養成しましょう。

2. シャドーイング

第2章での「リピーティング」と同じように、これも「口慣らし」トレーニングです。

目次 —— CDを聞くだけで英語表現が覚えられる本

はじめに

第1章 イメージリスニングとクイックレスポンス

▶ 本章の学習法 ……………………………………… 16

Unit 1 街中や公共の場で使う質問と応答
1. 街角で場所や状況をたずねる表現 …… 20
2. 交通機関や旅行で使う表現 ………… 22
3. 公共の施設で使う表現 ……………… 26

Unit 2 店やレストランで使う質問と応答
1. 店やレストランで使う最初の表現 …… 28
2. 商品や食事、値段、注文などに使う表現 …… 30
3. 支払い方法や返品などに使う表現 …… 32

Unit 3 日常生活でよく使う質問と応答
1. 時候のあいさつ・近況報告など ……… 34
2. 家庭内でよく使う表現 ……………… 38
3. 日常生活や余暇で使ういろいろな表現 …… 40
4. 電話で使う典型的な表現 …………… 44

Unit 4 会社やビジネスで使う質問と応答
1. 募集、応募、雇用などに関する表現 …… 46
2. 配属、異動、昇給などに関する表現 …… 48
3. 通勤、残業、出張などに関する表現 …… 50
4. 業務内容、条件、進行などに関する表現 …… 52
5. 苦情、叱責、不満などに関する表現 …… 54
6. 企画、開発、製品、会議などに関する表現 …… 56
7. 販売、営業、注文などに関する表現 …… 58

8・企業買収、統合、再建などに関する表現 ………… 60
　　　9・社内での雑務や雑談など、いろいろな表現 …… 62
　　　10・転職、退職、引退などに関する表現 ……………… 66
Unit 5　**特殊表現を使った質問と応答**
　　　1・依頼や提案・勧誘を表す表現 ……………………… 68
　　　2・相手の都合や状況をたずねる表現 ………………… 70
　　　3・意外な応答のパターン ……………………………… 72
▶ **理解度チェックテスト** ……………………………………… 74

第2章　言いたいことが言える クリエイティブ・スピーキング

▶ 本章の学習法 …………………………………………………… 80

Unit 1　**自分や身の回りのことを伝える表現**
　　　1・自分自身や家族のことを話す ……………………… 84
　　　2・自分の所属や仕事、趣味などを伝える …………… 86
　　　3・自分の立場や状況を説明する ……………………… 88
　　　4・体調や症状を説明する ……………………………… 90

Unit 2　**情報を伝える表現**
　　　1・第三者のことを伝える ……………………………… 92
　　　2・見たり学んだりしたことを伝える ………………… 94
　　　3・人から聞いたことを伝える ………………………… 96

Unit 3　**主張の表現**
　　　1・正当性を主張する …………………………………… 98
　　　2・反対や抗議を示す ………………………………… 100
　　　3・示唆や提案を表す ………………………………… 102

Unit 4　**同意・賛同を表す表現**
　　　1・相手に同意を求める ……………………………… 104

2・相手に対して同意や賛同を示す ……………… 106

　　3・第三者に対して同意や賛同を示す ……………… 108

Unit 5　許可を表す表現

　　1・相手に対して許可を示す ……………………… 110

　　2・同情や後悔を表す ……………………………… 112

Unit 6　拒絶を表す表現

　　1・やんわりとした拒絶を表す …………………… 114

　　2・強い拒絶を表す ………………………………… 116

Unit 7　要求や依頼を表す表現

　　1・要求したり依頼したりする …………………… 118

　　2・弁解したり懇願したりする …………………… 120

Unit 8　警告を表す表現

　　1・弱い警告を表す ………………………………… 122

　　2・強い警告を表す ………………………………… 124

Unit 9　予定や可能性を表す表現

　　1・可能性を表す …………………………………… 126

　　2・希望や願望を表す ……………………………… 128

Unit 10　仮定を表す表現

　　1・現在の事実と反する仮定を述べる
　　　　―― 仮定法過去 ………………………………… 130

　　2・過去の事実と反する仮定を述べる
　　　　―― 仮定法過去完了 …………………………… 132

　　3・過去の事実を基に現在の仮定を述べる
　　　　―― 仮定法過去完了 …………………………… 134

　　4・仮定や条件を表すいろいろな表現 …………… 136

Unit 11　頻度や程度を表す表現

　　1・頻度を表す副詞を使った表現 ………………… 138

　　2・頻度を表す語句を使った表現 ………………… 140

3. 程度や比較を表す表現 ……………………… 142

Unit 12 否定を表す表現
1. 部分否定 ………………………………………… 144
2. 全体否定 ………………………………………… 146
3. 二重否定 ………………………………………… 148
4. 否定を表す慣用表現 …………………………… 150

▶ 理解度チェックテスト ……………………………… 152

第3章 生活英語を楽しむ プラクティカル・リスニング

▶ 本章の学習法 ………………………………………… 160

Unit 1 交通機関に関するアナウンス表現
1. 列車や電車 ……………………………………… 162
2. バス ……………………………………………… 164
3. 空港や飛行機の中 ……………………………… 166

Unit 2 公共の場でのアナウンス表現
1. デパート、スーパー、店 ……………………… 168
2. 博物館、美術館、図書館、映画館など ……… 170
3. 銀行や郵便局のロビーや窓口など …………… 172
4. 大学、役所など ………………………………… 174

Unit 3 コマーシャルの表現
1. 品物を売るコマーシャル ……………………… 176
2. エステやジム、施設利用のコマーシャル …… 178
3. 店頭、店内でのコマーシャル ………………… 180

Unit 4 ニュースの表現
1. 事故、災害 ……………………………………… 182
2. 犯罪 ……………………………………………… 184

　　　　　　　3・経済 ……………………………………… 186
　　　　　　　4・芸能、イベント、有名人 …………… 188

Unit 5 天気概況・天気予報の表現
　　　　　　　1・天気概況 …………………………… 190
　　　　　　　2・天気予報 …………………………… 192
　　　　　　　3・注意報、警報 ……………………… 194

Unit 6 交通情報の表現
　　　　　　　1・一日の交通状況 …………………… 196
　　　　　　　2・交通規制、迂回 …………………… 198

Unit 7 報告や指示の表現
　　　　　　　1・会議 ………………………………… 200
　　　　　　　2・インストラクターやガイド ……… 202
　　　　　　　3・作業手順や仕事の指示 …………… 204
　　　　　　　4・録音メッセージ、自動アナウンス … 206

Unit 8 人の紹介やスピーチの表現
　　　　　　　1・人の紹介 …………………………… 208
　　　　　　　2・スピーチの出だし表現 …………… 210
　　　　　　　3・スピーチのその他の表現 ………… 212

▶ 理解度チェックテスト ……………………………… 214

参考表現 時間や数字を使った表現
　　　　　　　1・時刻や日付の表現 ………………… 218
　　　　　　　2・値段の言い方 ……………………… 220
　　　　　　　3・数字を使ったいろいろな表現 …… 222

本文デザイン／浦郷和美

第1章

イメージリスニングとクイックレスポンス

　英会話にまず必要なのは、相手の言う内容を聞き取ること、つまり「リスニング」です。そして、その質問に的確な応答をすばやく返すこと、つまり「クイックレスポンス」です。当たり前すぎるようですが、このポイントはしっかり押さえておきましょう。

　この章では、相手の質問の内容を確実につかみ、その質問に対して的確な応答をすぐに返せるようになる学習の仕方を習得していきます。

本章の学習法

　この章では、TOEIC Part 2の問題形式に合わせ、質問文とその応答をセットで掲載しました。質問文のパターンとその応答を通して、質問文の内容を確実につかみ、的確にすばやく答える方法を習得しましょう。

―――――――質問文の種類とその答え方―――――――

　まず、質問文の種類とその応答の仕方を見ていきます。いっしょにTOEICの攻略法も考えてみましょう。

1. 一般疑問文
　DoやDoes、be動詞、助動詞などで始まる疑問文で、通常「Yes-Noで答える疑問文である」と習います。しかし、実際の応答では、下の【例】の質問と応答のようにYes-Noを省略して言うことも多いようです。

【例】 **Are you coming to the party?**「パーティーに来る？」
　　　—**I won't be in town that day.**「その日は出張なんだ」

　TOEICでもこれがポイントとなることが多いので注意が必要です。型どおりにYesやNoを想定して応答文を待っていると、どの応答にもYesやNoが使われていなくて戸惑ったり、YesやNoを使った誤答に惑わされたりします。内容本位で考えましょう。

2. 疑問詞で始まる質問文
　WhatやWhoなど、疑問詞で始まる文です。疑問詞は次のように分けられます。
- 疑問代名詞　代名詞として用いられ、what、which、whoの3つがある。
- 疑問形容詞　形容詞として用いられ、名詞を修飾する。つまり、あとに名詞が続く。what、which、whoseの3つ。
- 疑問副詞　　副詞として用いられ、動詞や形容詞、副詞などを修飾する。when、where、why、howの4つ。

注意：内容をつかむ習慣を忘れないこと。
　疑問詞で始まる疑問文は、疑問詞が意味を決定づけます。しかし、疑問詞にこだわり過ぎると、TOEICでは誤答に引っかかってしまいます。
　また、Whyで始まる疑問文は「WhyにはBecauseを使って答える」と習いますが、実際にはBecauseを使わない答え方が一般的です。「公式」にこだわらないで、質問と応答をセットで考えましょう。

3. 否定疑問文と付加疑問文

否定になった疑問文を「否定疑問文」と言います。また、平叙文（＜主語＋動詞＞の文）や命令文のあとに簡単な疑問形を付け足す文を「付加疑問文」と言います。

否定疑問文　**Didn't you come by car?**「車で来なかったの？」
付加疑問文　**You came by car, didn't you?**「車で来たんでしょ？」

この２つの疑問文は、日本語で考えると「はい」と「いいえ」が逆になり、混乱しがちな疑問文です。しかし、こうした質問には、英語の発想で答えると間違えることがありません。

では、ふつうの疑問文と否定疑問文を比べながら、答え方を考えましょう。

ふつうの疑問文の答え方

Did you come by car?「車で来たの？」
来た場合の応答—— **Yes, I did.**「うん、来たよ」
来なかった場合—— **No, I didn't.**「いや、来なかったよ」

否定疑問文の答え方

Didn't you come by car?「車で来なかったの？」
来た場合の応答—— **Yes, I did.**「いや、来たよ」
来なかった場合—— **No, I didn't.**「うん、来なかったんだ」

日本語では逆になりますが、英語ではどちらも答え方は同じです。では、付加疑問文の答え方を考えてみましょう。

付加疑問文の答え方

You came by car, didn't you?「車で来たんでしょ？」
来た場合の応答—— **Yes, I did.**「うん、来たよ」
来なかった場合—— **No, I didn't.**「いや、来なかったよ」

この場合も、英語の答え方は同じです。こうして見ると、ふつうの疑問文も、否定疑問文も、付加疑問文も、英語では答え方は変わらないことが分かります。つまり、英語の応答は質問文の違いには左右されないのです。「**質問文の形態に関係なく、こちら側の事実を言えばよい**」ということです。

4. 選択疑問文と間接疑問文

or を使った「選択疑問文」は、内容をつかむ際に注意すべき質問文です。

or のあとが長いと前半の内容を忘れてしまい、後半部分だけに答えてしまいがちです。全体を聞くようにしましょう。

「間接疑問文」とは、疑問詞に導かれる名詞節が動詞の目的語となっている疑問文を言います。
【例】**Do you know what time it is?**
　　　　　　　↑動詞 know の目的語になっている。

この質問文で注意すべきことは、疑問詞のあとが＜主語＋述語＞の語順になるということです。上の【例】の what 以下を what time is it のようにしないように注意しましょう。

5. 提案・同意・依頼などを表す疑問文

Will you give me a hand?（ちょっと手伝って）のように、依頼や提案を表したり同意を求めたりする疑問文もあります。こうした特殊な表現の疑問文は、応答に注意が必要です。
【例】**Do you have a minute?**「ちょっとよろしいでしょうか」
　　—**What do you have in mind?**「用事は何だい？」
こうした特殊表現はそんなに多くはありませんから、覚えておきましょう。

質問の意味を確実につかむイメージリスニング

英語は一字一句（すべての単語）が聞き取れなければ全体の意味が理解できないと思ってはいませんか。そうではありません。日本語の場合で考えてみましょう。

私たちは、人の話やニュースなどを聞くとき、一字一句聞き取っていることはほとんどないはずです。それでも私たちは話の内容をしっかり理解しています。英語でも同じで、すべての単語を聞き取らなくても内容をつかむことはできるのです。

画像を頭の中に思い描く

多くの場合、私たちは英語を聞くとき単語を文字に置き換えて意味をとろうとします。英語の学習を文字からスタートしたことが原因かもしれません。しかし、日本語のときは文字を意識しないで理解していることが多いはずです。文字を意識しないで、無意識のうちに頭の中にその状況を表す画像を思い描いて理解しているのではないでしょうか。

英語を聞くときも、このように画像を思い描けば、すべての単語を聞き取らなくても理解できますし、英語の語順を意識しなくても全体像が判断できるというわけです。

イメージリスニングで画像を思い描くトレーニング

イメージリスニングというのは、左のページで述べたように情景を思い描きながら英語を聞く学習法のことです。ここでは、イメージリスニングをしながら英語の意味をつかむトレーニングをしていきましょう。

――――学習のステップ――――

① **まず状況を把握する**

本章には、いろいろな状況別に質問と応答をセットで掲載しました。こうした特長を利用して、頭の中に画像を描くトレーニングをしていきましょう。

状況を把握するトレーニング

質問と応答を聞きながら、その場所や状況を頭の中に思い描く学習法です。たとえば Unit 1 の 1 は「街角で場所や状況をたずねる表現」となっています。このページでは、CD を聞きながら身近な街角を思い描いて聞きましょう。そして、Is this the right way to the station? という質問を聞いたら、自分の町の駅に続く道を思い描きます。こうした学習の積み重ねで、一字一句を聞き取らなくても意味が理解できるリスニング方法が身についてきます。

片方のイヤホンを外してトレーニング

ＣＤでは、左のトラックに英語を右のトラックに日本語を収録しています。ですから、右のイヤホンを外すと英語だけが流れ、日本語部分がポーズになります。このポーズのあいだに「質問者は誰か」、「応答者はだれか」、「場所はどこか」などを頭の中にイメージ（画像を描く）するトレーニングもしてみましょう。「通行人」、「店員」、「ウェイター」のように、答えを紙に書いてみるのもいいでしょう。

② **クイックレスポンス能力をつける**

まえがきで述べた、英会話で最も重要な「クイックレスポンス」能力をつけるトレーニングをしましょう。質問を聞いて、すばやく応答を返すトレーニングです。

片方のイヤホンを外してトレーニング

上の学習法と同じように、右のイヤホンを外して英語だけが流れる状態にします。そして、英語の質問を聞いたら日本語が流れるポーズのあいだにその応答を言います。ポーズのあとに正解の応答が流れますから、自分の応答をチェックしましょう。このトレーニングで、英会話に最も重要である「クイックレスポンス能力」がついてきます。

Unit 1　街中や公共の場で使う質問と応答

1　街角で場所や状況をたずねる表現

1　Is this the right way to the station?
駅へ行くのは、この道でいいのでしょうか。

応答　Yes, just go straight for several blocks.
ええ、まっすぐ数ブロック行ってください。

2　Can you tell me where the shopping mall is?
ショッピングセンターがどこにあるか教えていただけますか。

応答　It's on the corner of Main and Linden streets.
メイン通りとリンデン通りの角にあります。

⇒ where のあとが＜主語＋動詞＞の語順になっていることに注目。

3　Which would be faster, by taxi or by subway?
タクシーと地下鉄ではどちらが速いでしょうか。

応答　At this time of day, subway is a lot faster.
この時間だったら、地下鉄のほうがずっと速いですよ。

⇒応答の time of day の day の前に the を付けることもある。

4　How long will it take to get to Howard Avenue?
ハワード通りに行くにはどのくらい時間がかかりますか。

応答　You'll get there in about 20 minutes on foot.
歩いて20分くらいで着きますよ。

5　Who knows which road to take to the convention hall?
会議場へ行く道は誰が知っているんだい？

応答 **I remember since I went there last year.**
去年行きましたから、私が覚えています。

6 Where can I get hold of a map of the city?
この町の地図はどこで買えますか。

応答 **You might try one of these newsstands.**
この辺の売店で探してみてください。

get hold of ...「…を捕まえる、…を手にする」　newsstand「売店」

7 Did you have any trouble finding a parking place?
駐車するところを探すのに困りませんでしたか。

応答 **I got one in the next block.**
隣の区画に見つけましたよ。

have trouble ...ing「…するのに苦労する」⇒ finding の前に in を付けることもある。

8 Why don't any of the taxis stop here?
どうしてタクシーはどれも停まってくれないのでしょうか。

応答 **There are specified taxi stands downtown.**
中心街では所定のタクシー乗り場があるんですよ。

specified「指定の、規定の」
downtown「中心街で」⇒副詞なので、前置詞は付けない。

9 What do you think has caused this traffic jam?
この交通渋滞は何が原因だと思いますか。

応答 **There's a construction up ahead.**
この先で工事をやっているんですよ。

cause「…を引き起こす」　traffic jam「交通渋滞」　construction「工事」

2 交通機関や旅行で使う表現

1 Have you reconfirmed your flight to New York?
ニューヨークへの便の予約の再確認は済まされましたか。

応答 No. Thanks for reminding me.
いいえ。思い出させてくれてありがとう。

---

reconfirm「再確認する」⇒ confirm は「確認する」である。
remind「思い出させる」⇒「思い出す」ではないので注意。

2 Will you have any time to play on your trip?
旅行中に遊ぶ時間はありますか。

応答 Not really. The work schedule's too tight.
いいえ、あんまり。仕事のスケジュールがきついのです。

3 Would you prefer an aisle or window seat?
通路側と窓側、どちらの席がよろしいですか。

応答 I don't care. Either is fine with me.
気にしませんので、どちらでも結構ですよ。

---

prefer「…のほうを好む」　　aisle「通路」⇒発音に注意。

4 Which terminal do we depart from?
どのターミナルから出発するのでしょうか。

応答 I think they always use Terminal C.
いつもCターミナルを使っていると思います。

---

depart from ...「…から出発する」

5 Is the flight going to depart on time?
この便は定刻に出発する予定ですか。

応答 **Everything is currently on schedule.**
今のところ予定通りです。

---

on time「時間通りに」　currently「現在のところ」

6　Will we be arriving on time or running a little late?
私たちは定刻に到着するのでしょうか。それとも少し遅れていますか。

応答 **We might even be a few minutes early.**
むしろ数分早くなるかもしれませんよ。

---

run a little late「少し遅れる」⇒ run の用法に注目。

7　What is your purpose to come to this country?
この国に来られた目的は何ですか。

応答 **I'd like to study at a college.**
大学で勉強したいのです。

8　Were your bags ever out of your sight?
バッグから目を離しましたか。

応答 **No, I've had them the whole time.**
いいえ、ずっと私が持っていました。

⇒飛行機に荷物を預けるときなどに旅行者にたずねる表現。テロ以降ひんぱんに使われるようになった。

9　What time is the next bus due?
次のバスは何時に来ますか。

応答 **I believe it'll be in five minutes.**
5分で来ると思いますけど。

---

due「(人や乗り物が)到着の予定で」

10 Tell me when I get to my stop, will you?
私の降りる停留所が来たら教えてもらえませんか。

応答 I'll make sure you don't miss it.
間違いなくお教えしますよ。

⇒命令文の付加疑問は will you? になる。

11 How often do the trains run at this time of day?
この時間帯はどのくらいの頻度で電車は走っていますか。

応答 About every 10 minutes.
ほぼ10分おきです。

12 Can I extend my stay for another couple of nights?
あと2晩、滞在を延長できますか。

応答 Only if you agree to change rooms.
お部屋を移っていただくことにご同意いただければ。

extend「延長する」
another「さらに、もう」⇒ another のあとに複数形が続く場合があることにも注意。

13 What time are we supposed to check out of our rooms?
部屋をチェックアウトするのは何時ですか？

応答 One o'clock. Will that be a problem?
1時ですが、何か不都合がございますか。

be supposed to ...「…することになっている」

14 What time is your flight due to depart?
あなたの飛行機は何時に出発することになっていますか。

応答 Not until late this evening.
今晩遅くです。

due to ... 「…することになって」　not until ... 「…まで〜ない」

15 Could I have you call me a cab?
タクシーを呼んでいただけますか。

応答 Taxis are waiting just in front of the hotel.
タクシーならホテルの正面を出たところで待機しております。

⇒ have は使役動詞で、目的語のあとには動詞の原形が続く。したがって、この質問文は直訳すると「あなたにタクシーを呼ばせてもいいですか」となる。

16 What's the average cab fare to the airport?
空港までの平均的なタクシー料金はいくらですか。

応答 Between 15 and 20 dollars.
15ドルから20ドルの間です。

cab「タクシー」　fare「料金」

●ワンポイント・アドバイス

「料金」の言い方

　16番では「料金」に fare が使われています。日本語で一律に「料金」と言う場合でも、英語では区別して使うことが多いようです。たとえば、16番のように乗り物の場合は fare を使います。「授業料」や弁護士などに払う料金は fee と言います。業務に対する「料金」には charge が使われ、基本料金は rate となります。そして、道路の「通行料」は toll です。

3 公共の施設で使う表現

1 How much does this airmail letter to China cost?
中国までこの航空便の手紙はいくらかかりますか。

応答 Let me see. That's 80 cents.
少々お待ちください。80セントです。

2 Do the drive-up windows sell traveler's checks?
ドライブスルーの窓口では、トラベラーズチェックは売っていますか。

応答 No. For those, you'll have to go to a window in the lobby.
いいえ。それでしたら、ロビーの窓口においでください。

---
drive-up「ドライブスルーの」

3 Can't I check out this atlas?
この地図は貸し出ししていませんか。

応答 I'm afraid that's only for use here in the library.
すみません。それは図書館内のご利用だけになっております。

---
atlas「地図帳」

4 When are visiting hours for the maternity ward?
産婦人科病棟の面会時間はいつですか。

応答 Husbands like you can come anytime you want.
ご主人でしたら、いついらしても大丈夫です。

---
maternity「妊婦の」　ward「病棟」

5 The pool's open on weeknights, right?
プールは平日の夜には開いていますよね。

応答 **Every weeknight until 9:00, all summer long.**
夏のあいだはずっと9時まで開いています。

6 Where do visitors to the museum park?
美術館の見学者はどこに駐車するのでしょうか。

応答 **We have parking on the other side of Wells Street.**
ウェルズ通りの向こう側に駐車場があります。

on the other side of ...「…の向こう側に」

7 Is there a coffee shop here in the courthouse?
この裁判所の中に喫茶店はありますか。

応答 **No, but there's one a block north of here on Main.**
いいえ、でも北に1ブロック行ったメイン通りにあります。

courthouse「裁判所」

8 Don't you have any campsites in the park for tonight?
今夜、公園内でキャンプを張る場所はありませんか。

応答 **We're completely booked for every campsite.**
もう場所は全部予約済みです。

completely「完全に」

9 Has the deadline for loans passed?
ローンの締め切りは過ぎてしまいましたか。

応答 **No, you can still apply today.**
いいえ、本日はまだお申し込みができますよ。

Unit 2 店やレストランで使う質問と応答

1 店やレストランで使う最初の表現

1 How may I help you?
いらっしゃいませ。

応答 I'm looking for a coat for a ten-year-old girl.
10歳になる女の子用のコートを探しているのですが。

ten-year-old「10歳の」⇒形容詞として使われているため、year は複数形にならない。

2 Do you carry women's running shoes?
婦人用のランニングシューズはありますか。

応答 Certainly, on the third floor.
はい、3階にございます。

carry「(店に)置いている」　certainly「確かに」

3 How do you know which watches are on sale?
セールの時計はどうやって見分けるのですか。

応答 Sale items have red tags.
セール品には赤札が付いています。

on sale「セールで、特売で」⇒ for sale「売り物の」と区別しよう。

4 Are any of the men's suits on sale?
紳士用スーツでセール中のものはありますか。

応答 Many of them are. What size do you wear?
多くがそうです。サイズはおいくつでしょうか。

⇒上下1組で suit と言い、複数形にならない。もちろん2着以上であれば suits と複数形になる。a suit of clothes とも言う。

5 Would you tell me where I can find the cookbooks?
料理の本はどこにあるか教えていただけますか。

応答 Down that aisle, next to the travel section.
その通路を行ってください。旅行書の隣です。

down「…を行ったところに」⇒高低ではなく、方向を述べている。

6 Are there any tickets left for the Friday night show?
金曜日の夜のショーのチケットは残っていますか。

応答 No, they were sold out over a week ago.
いいえ，1週間以上も前に売り切れました。

7 Do you have two seats for Monday the 14th?
14日の月曜日に2人分の席はありますか。

応答 Sure, would you like to make a booking?
はい、ご予約なさいますか。

make a booking「予約する」

8 Can you tell me where I can try on these pants?
このズボンを試着したいのですが、どこでできますか。

応答 I'll show you. Just follow me.
ご案内いたします。こちらへどうぞ。

9 How would you like your hair cut this time?
今回はどのような髪形になさいますか。

応答 Something different. What do you suggest?
何か違う髪形にしたいわ。どんなのがいいかしら。

2 商品や食事、値段、注文などに使う表現

1　How much do you want for these shoes?
この靴はいくらですか。

> 応答　**They're 20 dollars.**
> 20ドルです。

2　Can I get this scarf gift-wrapped here in the store?
この店でこのスカーフを贈り物用に包装してもらえますか。

> 応答　**Yes, on this floor, next to the elevators.**
> はい、この階のエレベーターの隣です。

gift-wrap「贈り物用に包む」⇒ここでは動詞で使っている。

3　Is there something on the menu that you would recommend?
メニューに何かお勧めのものがありますか。

> 応答　**I think everything is good.**
> どの料理もおいしいと思います。

recommend「勧める、推奨する」

4　What price should we ask for the house?
この家の値段はいくらにしたらよいでしょうか。

> 応答　**You could get at least a quarter million.**
> 少なくとも25万ドルは大丈夫でしょう。

at least「少なくとも」　　quarter「4分の1」

5　How much will it cost to have this coat dry-cleaned?
このコートのクリーニング代はいくらになりますか。

応答 **A bright-colored one like this is $20.**
このような淡色系でしたら、20ドルになります。

bright-colored「明るい色の、淡色系の」

6 Have you decided what you would like to order?
ご注文はお決まりでしょうか。

応答 **Can I have a few more minutes, please?**
もう少し待っていただけますか。

7 Will that be all that you need today, ma'am?
今日お入り用なのはこれで全部でしょうか、お客様。

応答 **Yes, I think this is everything, thank you.**
はい、これで全部だと思います。ありがとう。

Will that be all that ...?「…はこれで全部ですか」⇒ 2つめの that は関係代名詞。

8 What does that come to all together?
全部でいくらになりますか。

応答 **A hundred fifty dollars plus tax.**
150ドルに税金がプラスされます。

all together「全部で」

9 Is there any charge for delivery?
送料はかかりますか。

応答 **That depends on where you live.**
どこにお住まいかによります。

delivery「配達」　depend on ...「…による」

3 支払い方法や返品などに使う表現

1 How would you like to pay for this, ma'am?
こちらの商品のお支払いはどのようになさいますか。

応答 Let me see if I have enough cash.
現金が足りるかどうか見てみますね。

2 How much did the dinner bill come to?
夕食代はいくらになったの。

応答 Not much. I can cover it.
そんなに高くないよ。僕が払えるよ。

dinner bill「夕食の請求額」　come to ...「…になる」　cover「払える」

3 Does this restaurant accept credit cards?
このレストランではクレジットカードが使えますか。

応答 Yes, for purchases over $20.
はい、お支払い額が20ドル以上であれば。

accept「受け入れる」　purchase「購入」

4 Can I place the order now and pay for it when it arrives?
今注文して、代金は商品着払いにできますか。

応答 No, we must have payment in advance.
いいえ，前払いでお願いしております。

place the order「注文する」　in advance「前もって」

5 Can I pay $40 and put the rest on my credit card?
40ドル払って、残りはクレジットカードでお願いできますか。

応答 **Yes, you can divide your payment that way.**
はい、そのようにお支払いを分割できます。

---

the rest「残り」⇒ the が付くことに注意。　　divide「分割する」

6　Can I get a refund for this defective CD?
この不良品のCDを返して返金してもらえますか。

応答 **I need to check it before I issue you a refund.**
返金の前に検査をしてみませんと。

---

refund「返金」　　defective「欠陥のある」　　issue a refund「返金する」

7　Do I pay you here at the table?
このテーブルでお金を払うのでしょうか。

応答 **No. Pay your bill at the cashier by the front door.**
いいえ、入口の横のレジでお支払いください。

---

cashier「レジ」⇒アクセントの位置に注意。

8　Can I add a tip when I pay by credit card?
クレジットカードで払う際にチップを足すことができますか。

応答 **That's what the line between sub-total and total is for.**
小計と総額のあいだにある線の上にお書きください。

That's what ... is for「そのために…があります」

9　What do I do with this traveler's check?
このトラベラーズチェックはどのようにすればいいのでしょうか。

応答 **Just sign on the lower left blank.**
左下の空所にサインをしていただくだけで結構です。

Unit 3 日常生活でよく使う質問と応答

1 時候のあいさつ・近況報告など

1 It's been a long time. How have you been doing?
ずいぶんお久しぶり。どうしていました？

> **応答** I've been all right. You don't look changed at all.
> 元気にしていましたよ。あなたはお変わりなさそうですね。

2 Won't you please come on in and have a seat?
どうぞ入っておかけになりませんか。

> **応答** Thank you. I hope I'm not disturbing you.
> ありがとう。おじゃまではありませんか。

disturb「じゃまになる、迷惑をかける」

3 How do you like living here in New York?
このニューヨークでの生活はいかがですか。

> **応答** I think it's very exciting.
> とても刺激的だと思います。

4 How did you know I was in town?
僕が帰ってきているってどうして分かったの？

> **応答** I heard it from your sister.
> お姉さんに聞いたのよ。

be in town「在郷で、町にいて」⇒ out of town（旅行中で）と対比して覚えよう。

5 What do you have in mind for this weekend?
この週末は何をするつもり？

応答 Nothing special. What about you?
特に何も。君は？

---

have ... in mind「…するつもりである」

6 Why not meet at our usual place for coffee?
いつものところでコーヒーでもどう？

応答 OK. What time?
いいよ。何時にする？

Why not ... ?「…なんかはどう？」

7 How about some golf this weekend?
この週末にゴルフなんかはどう？

応答 Sounds good to me.
いいわね。

8 When were you released from the hospital?
いつ退院したの？

応答 I got out just last Saturday afternoon.
この前の土曜日の午後に退院したばかりだよ。

---

release「解放する」

9 Why don't you go back to school?
学校に行き直したらどうですか。

応答 I can't afford the tuition right now.
今のところ授業料を払う余裕がないもので。

Why don't you ...?「…したらどうですか」
can't afford ...「…の金銭的余裕がない」　　tuition「授業料」

10 It's been almost two years since we met, hasn't it?
私たちが知り合ってからもう 2 年になるわね。

応答 That's right. Time flies.
そうだね。時のたつのは早いね。

11 Have you ever eaten at that Spanish restaurant?
あのスペイン料理のレストランで食事をしたことがある？

応答 Yes, but I prefer the Chinese place next door.
うん。でも隣の中華料理店のほうが好きだな。

12 Is it supposed to get cold tonight?
今夜は寒くなるのかしら？

応答 I heard on the radio that it's going to snow.
ラジオで雪が降るだろうって言ってたよ。

13 Wasn't that what you'd call a splendid wedding?
すてきな結婚式だったじゃない？

応答 I agree, it was gorgeous.
そうだね。豪華だったね。

---

splendid「魅惑的な、すばらしい」　gorgeous「豪華な」

14 Is the birthday party for Mary still on?
メアリーの誕生日パーティーは、予定どおり？

応答 Yes, as far as I know.
うん、僕が知る限りではね。

CD 1-09

15 Do you remember that our anniversary is coming up?
もうすぐ私たちの結婚記念日だって覚えてる？

応答 How could I forget?
忘れるわけはないだろ？

---

anniversary「結婚記念日、記念日」

○ワンポイント・アドバイス

現在完了形の魅力

　日常会話では現在完了形は非常によく使われます。現在完了形は、意味合いに幅を持たせることができ、単なる現在形や過去形、現在進行形よりも違ったニュアンスを出すことができます。
　たとえば、次の２つの文を見てください。

【例】　**I live in the suburbs.**「郊外に住んでいる」
　　　　I've been living in the suburbs.「ずっと郊外に住んでいる」

　上の文に比べて、下の現在完了形の文には「郊外が気に入っている」という感じがなんとなく伝わってきませんか。
　次の場合はどうでしょう？

【例】　**What are you doing in here?**「ここで何しているんだい」
　　　　— **I've been studying.**「ずっと勉強してたの」

　これも、単なる進行形の **I'm studying.** よりも勉強を頑張っているニュアンスが伝わってくるかと思います。

第1章　イメージリスニングとクイックレスポンス

2 家庭内でよく使う表現

1 Is today trash day?
今日はゴミの日？

応答 No, it's tomorrow for this area.
いいえ、この地域は明日よ。

---
trash「ゴミ」⇒特に「生ゴミ」の場合には garbage を使う。

2 Could you drop these clothes at the cleaners?
この服をクリーニング屋さんに出してきてくれない？

応答 OK, but I won't be going out soon.
いいけど、すぐには出かけないよ。

---
cleaners「クリーニング店」⇒複数形になることに注意。

3 Get me a few things at the store, will you?
店で僕の物も少し買ってきてもらえないかな？

応答 Add your items to this list of mine.
私のこのリストに品目を書き足して。

4 Are these videos due back at the store today?
このビデオは今日が返却日だっけ？

応答 No, we can keep them for one more day.
いいえ、もう1日借りておけるわ。

---
due back「返却の期限で」

5 Why can't you help out more with the housework?
どうしてもっと家事を手伝ってくれないの？

応答 I'm always so exhausted when I get home from work.
仕事から帰ってくると、いつもくたくたなんだよ。

---

exhausted「くたくたに疲れて」⇒ exhaust は「疲れさせる」という意味の他動詞。ほかに「排出する」という意味もある。

6 Shall I cook dinner at home or shall we order a pizza?
家で夕食を作る？　それとも出前でピザを取る？

応答 Sorry, I had pizza for lunch.
ごめん。昼にピザを食べたんだ。

7 Shouldn't you take that medication after you eat?
その薬は、食後に飲むんじゃない？

応答 The doctor said this one works best before meals.
医者は、この薬は食前がいちばん効果的だって言っていたよ。

---

take medication「薬を飲む」⇒「薬を飲む」に take を使うことに注意。

8 Would you get me a paper when you go to the store?
お店に行ったら新聞を買ってきてくれる？

応答 Sure, which newspaper would you like?
いいよ、どの新聞がいいの？

9 Should I give you a ring when I leave the office?
会社を出るときに電話をしたほうがいいかな？

応答 What time do you think it will be?
何時ごろになりそうなの？

---

give ... a ring「…に電話をする」

第1章 イメージリスニングとクイックレスポンス

3 日常生活や余暇で使ういろいろな表現

1 Are we getting together at 5:00?
5時に会おうか？

応答 That's the time we agreed on.
私たち、その時間に約束しているけど。

---

get together「会う、集まる」⇒ meet よりもくだけた表現で、友人同士でよく使う。
agree on ...「…について合意する」

2 Would you like to go for a spin in my new car?
僕の新車でドライブに行かない？

応答 Let's drive to the beach on Sunday.
日曜日にビーチへドライブに行きましょうよ。

---

go for a spin「ドライブする」⇒ spin は「ひとっ走り、ドライブ」という意味。

3 What would you say to a bite of dinner?
夕食を食べない？

応答 That sounds good.
いいですね。

---

a bite of ...「…の一口、…を軽く食べること」

4 Will you do me a favor while I'm on the trip?
旅行に行っているあいだにお願いごとをしてもいいかな？

応答 All right, what is it?
いいわよ、何？

---

do ... a favor「…の手伝いをする、…の頼みごとをきく」
on a trip「旅行中で」

5 Wasn't that your sister who answered the phone?
電話に出たのは君のお姉さんじゃなかった？

応答 Yes, people are always confusing our voices.
そう、みんな私たちの声を間違えるのよ。

confuse「混同する、混乱させる」

6 Would you mind not smoking?
タバコを吸わないでいただけませんか。

応答 I didn't know it was bothering you.
ご迷惑だとは気づきませんで。

bother「迷惑をかける」
⇒ mind not ... ing の使い方に注目。mind のあとに not を付けて禁止を表す。

7 Does April 15 fall on a Sunday this year?
今年の4月15日は日曜日かしら？

応答 I'll check the calendar.
カレンダーを見てみよう。

fall on ...「…に当たる」⇒また、Sunday に a が付いていることにも注目。

8 Why do you always side with Betty?
どうしていつもベティーの味方をするの？

応答 It's just your impression that I do.
それは君の思い過ごしだよ。

side with ...「…の味方をする」
⇒応答文は It's ... that 〜、「〜は…だ」という強調構文になっている。

9 Should I bring anything to the party on Saturday?
土曜日のパーティーには何か持っていくべきかな？

> **応答** A bottle of wine would be great.
> ワインなんかはいいんじゃない？

10 Can you make it to Susan's farewell party on Saturday?
土曜日のスーザンの送別会に来られる？

> **応答** It looks like I'm going to have to work.
> 仕事をする羽目になりそうなんだよ。

---

make it to ...「都合をつけて…に行く」　　farewell party「送別会」

11 You hardly know anyone at this party, do you?
このパーティーではほとんど誰も知らないでしょ？

> **応答** I guess I know five or six people.
> 5、6人は知っていると思うよ。

---

hardly「ほとんど…でない」
⇒文の形は肯定文なのに付加疑問文が do you? となっていることに注目。hardly に否定の意味があるためである。

12 How does a vacation in Hawaii this winter sound?
この冬ハワイで休暇を過ごすっていうのはどう？

> **応答** That's a great idea! I can't wait.
> まあ、すてきね。待ち遠しいわ。

13 Are you going to make it to Becky and John's wedding?
ベッキーとジョンの結婚式には出るつもり？

応答 **Jeff and I are both planning to go.**
ジェフも私も行く予定よ。

14 Who sent you that bunch of beautiful flowers?
誰があのきれいな花束を君に送ってくれたの？

応答 **I don't know. The card wasn't signed.**
さあ、カードに名前が書いてなかったから。

bunch of ...「…の束、たくさんの…」

15 When did the movie let out?
映画はいつ終わったの？

応答 **It finished at nine o'clock.**
9時に終わったわ。

let out「終了する」

16 How long will your car be in the shop?
あなたの車は修理にどのくらいかかるの？

応答 **I hope to get it back tomorrow afternoon.**
明日の午後に戻ってくればと思っているんだ。

in the shop「修理工場に」

17 Did you get your car fixed yet?
もう車は修理してもらった？

応答 **Yes, as a matter of fact I drove this morning.**
うん、実は今朝運転してきたよ。

fix「修理する」   as a matter of fact「実際のところは」

4 電話で使う典型的な表現

1 Could you connect me with Mr. Watson?
ワトソンさんに電話をつないでいただけますか。

応答 I'm sorry, he's asleep now.
ごめんなさい。今寝ておりますので。

---
asleep「眠って」

2 Is this the Whites' residence?
ホワイトさんのお宅でしょうか。

応答 No, I think you've got the wrong number.
いいえ、おかけ間違いだと思いますよ。

---
the Whites「ホワイト家」
⇒姓を複数形にして the を付けると「…家」という意味になる。the Whites' は所有を表しているが、複数形なのでアポストロフィーだけを付ける。
residence「住居、住宅」
the wrong number「間違い電話」⇒ the が付く。

3 Can you please put me through to Ms. Wilson?
ウィルソンさんに電話をつないでいただけますか。

応答 I'm sorry, but she's busy right now.
申し訳ありません。本人はただいま手が離せません。

---
put ... through to ~「…の電話を~につなぐ」
⇒ 1 番の connect ... with と同じ意味。

4 Can I leave a message for her?
彼女に伝言をお伝えいただけますか。

応答 Let me get a pen and a piece of paper.
ちょっとペンと紙を取ってきます。

CD 1-13

5 Sales Department. How may I direct your call?
営業部です。いかがいたしましょう。

応答 Well, I'd like to talk with the person in charge.
ああ、責任者と話がしたいのですが。

person in charge「責任者」

6 Would you mind if I put you on hold?
しばらくお待ちいただけますか。

応答 Actually, I'd rather call back in an hour.
それでしたら、1時間後にかけ直します。

put ... on hold「…を待たせる」
actually「実は、…のほうがかえって」

7 Can you please hold the line?
少々お待ちいただけますか。

応答 Will it take long?
時間がかかりますか。

hold the line「電話を切らずに待つ」

8 Is there a pay phone anywhere in this building?
このビルのどこかに公衆電話はありますか。

応答 You can use my cell phone.
私の携帯電話を使えばいいですよ。

pay phone「公衆電話」
cell phone「携帯電話」⇒ cellular phone の略形。

Unit 4 会社やビジネスで使う質問と応答

1 募集、応募、雇用などに関する表現

1 Are you having any luck in your job search?
職探しはうまくいってる？

> 応答 **Not yet. It's a little discouraging.**
> まだ。あんまり思わしくないんだ。

luck「運」⇒ lucky の名詞形。　　discouraging「気を落とさせるような」

2 Why don't you start looking for a new job?
そろそろ新しい仕事を探し始めたらどうだい？

> 応答 **No other company could ever match my current salary.**
> 今の私の給料に匹敵する会社なんてほかにはないわよ。

current「現在の」

3 How did your job interview go today?
今日の就職の面接はどうだった？

> 応答 **Great. I was offered the job.**
> うまくいったわ。採用されたのよ。

4 When might you be available for an interview?
面接はいつがよろしいですか。

> 応答 **I can make myself free anytime.**
> 私はいつでも時間の調節がききます。

5 What do you think of our new applicant?
新しい応募者をどう思いますか。

応答 **He seems very cooperative.**
彼はとても協調性があるように思います。

applicant「応募者」⇒ apply の名詞形の1つ。　　cooperative「協調性のある」

6 **How long have you been in this line of business?**
この業務にはもうどのくらい携わっていらっしゃいますか。

応答 **I've worked in sales for five years.**
営業の仕事を始めて5年になります。

7 **You are quite experienced in this field, aren't you?**
この分野ではかなり経験を積んでおられますよね。

応答 **I've been in this industry for 10 years.**
この業界に入って10年になりますから。

experienced「経験を積んだ」　　industry「業界」

8 **What convinced you to change jobs?**
どうして仕事を変えようと決めたのですか。

応答 **I decided my talent was in sales.**
私の能力は営業向きだと思ったからです。

convince「説得する、…と決心させる」

9 **Which of the applicants seems most qualified?**
どの応募者が最も適任だと思いますか。

応答 **Two of them particularly impressed me.**
彼らの中の2人が特に印象深かったですね。

particularly「特に」

2 配属、異動、昇給などに関する表現

1 Where's the company going to start you off?
君の最初の配属はどこになるって？

応答 I'll be in accounting for the first year.
最初の年は経理担当になる予定よ。

start ... off「出発させる、着手させる」　　accounting「経理、会計」

2 How are you getting used to your job?
仕事にはもうだいぶ慣れてきた？

応答 I know what to do every day now.
毎日すべきことは、もう分かってきたよ。

get used to ...「…に慣れる」⇒ to のあとには名詞や名詞に相当する語句が続く。

3 You'll accept the transfer, won't you?
この異動を受け入れてくれますね。

応答 It's too much money to turn down.
給料がよすぎて断れませんよ。

transfer「異動」　　turn down「断る」

4 Who looks promising as a manager?
誰が支配人として有望そうですか。

応答 I'm impressed by Tim Foley.
私はティム・フォレイの印象が強いと思います。

5 Did you hear that John got a promotion?
ジョンが昇進したって聞いた？

応答 I'm not surprised. The boss has always favored him.
驚きはしないね。上司はずっとひいきにしていたから。

---

promotion「昇進」　favor「ひいきにする」

6 You're up for a raise, aren't you?
あなた、そろそろ昇給でしょ？

応答 Maybe. Nothing's definite so far, though.
たぶんね。まだ何もはっきりしていないけど。

---

be up for ...「…の候補になって」　definite「はっきりした、明確な」

7 How did your annual review go?
あなたの年間査定はどうだった？

応答 Great. I got top scores in all categories.
よかったよ。すべてのジャンルでトップだったよ。

---

annual review「年間査定」⇒ annual は「年に1度の」という意味。

8 Are you interested in being sent abroad?
海外派遣に興味はありますか。

応答 I might be. It depends on the conditions.
たぶん。条件によりますけど。

9 Are the rumors of you being transferred true?
あなたが転勤になるってうわさは本当？

応答 Actually, they are. It becomes official on May 1.
実はそうなんだ。5月1日に正式な発表があるよ。

---

rumor「うわさ」　actually「実は」

3 通勤、残業、出張などに関する表現

1 Why did it take you so long to get to the office?
会社に来るのにどうしてそんなに時間がかかったの？

応答 The traffic was unusually heavy.
道路が異常に混んでいまして。

---

traffic「交通、交通の流れ」　unusually「異常に、いつもと違って」

2 Can you make it in early tomorrow morning?
明日の朝は早く出てきてくれますか。

応答 What time do you want me to come?
何時に来ればよろしいでしょうか。

3 Why don't you carpool to work?
相乗りで通勤したらどうなの？

応答 No one in the office lives close to me.
社内でうちの近くに住んでいる人は誰もいないんだよ。

---

carpool「相乗り通勤する」
⇒交通渋滞緩和のため、相乗りで通勤すること。ここでは動詞。

4 Can we swap shifts this coming Saturday?
今度の土曜日のシフトを交換できる？

応答 I think we're both scheduled for second.
私たち二人とも2番目の予定だと思うけど。

---

swap「交換する」

5 Can you put in a few extra hours, John?
ジョン、少し残業できるかしら？

応答 **Sure, I need all the overtime I can get.**
もちろん。残業代はいくらでもほしいですから。

6 You've been putting in a lot of overtime, haven't you?
このところ残業が多いんじゃない？

応答 **Everyone has. The new model is due out in two months.**
みんなそうなんだよ。新機種が2か月後に発表の予定なんだ。

---
due out「出す予定で」

7 Did you have to work late again last night?
昨日の夜も残業しなくてはならなかったのかい？

応答 **Only for about 30 minutes or so.**
30分かそこらやっただけよ。

8 Are you going out of town again this week?
今週もまた出張？

応答 **Right. I'm off to see our Mexican plant.**
そうだよ。メキシコの工場を見に行くんだ。

---
go out of town「出張する、旅行する」
⇒town に冠詞が付かないことに注意。「在宅で」とか「在京で」と言うような場合は be in town となる。

9 Have all the arrangements been made for my trip?
私の出張の準備は全部できましたか。

応答 **Everything except the hotel reservation.**
ホテルの予約以外はすべて終わりました。

---
except「…以外は」⇒ except for ... のように for を付けて使うこともある。

4 業務内容、条件、進行などに関する表現

1 How long will it take you to finish this job?
この仕事を終えるのにどのくらいかかるかな？

応答 By noon tomorrow, at the earliest.
早くても明日の正午まではかかります。

2 Can you complete this project by the deadline?
納期までにこのプロジェクトを完成できますか。

応答 No, so I might need a little help from my colleagues.
いいえ、それで同僚の力をちょっと借りる必要があるかもしれません。

---

complete「完成させる」　colleague「同僚」

3 Would you explain to me what our insurance covers?
私たちの保険が何を保証するのか説明してくださいませんか。

応答 Sure. Sit down and I'll go over it with you.
わかりました。お座りください。一緒に見ていきましょうか。

---

insurance「保険」　cover「保証する、補填する」　go over ...「…をよく調べる」

4 Have you heard whether the contract will be renewed?
契約が更新されるかどうか聞かれましたか。

応答 No, we're still waiting to hear from the client.
いいえ、クライアントからの連絡を待っているところです。

---

contract「契約」　renew「更新する」

5 How is the workload in your office right now?
今、会社のお仕事の状況はどうですか。

応答 **Still slow, but it's increasing.**
ボチボチというところですが、増えてきています。

---

workload「仕事の量」　　increase「増える」

6　How much is budgeted for training expenses?
研修にはどれだけの予算が組まれているのですか？

応答 **It has been cut to half of last year's.**
去年の半分に減らしました。

7　Would you care to visit the building site tomorrow?
明日建設現場を見にいらっしゃいませんか。

応答 **I went there last week with my boss.**
そこへは先週上司と行きました。

---

care to ...「…したいと思う」　　building site「建設現場」

8　What do you think this new figure indicates?
この新しい数値はどういうことだと思いますか。

応答 **It points to inflation if you ask me.**
これはつまりインフレだということですよ。

---

figure「数値」
indicate「示唆する、暗示する」⇒応答の point to ... も同じ意味。

9　When will we wrap up work on the book?
この本の仕事はいつ終わるのかしら？

応答 **The editor thinks it'll take another week.**
編集者はあと1週間だと思っているよ。

---

wrap up ...「…を終わらせる、…を片づける」

5 苦情、叱責、不満などに関する表現

1 What was the client's complaint?
クライアントの苦情は何だったの？

応答 He says the quality is poor.
品質が悪いって言っていました。

---

complaint「苦情」⇒動詞形は complain である。　　quality「品質」

2 I have a complaint to make. Who's in charge here?
言いたいことがあるのですが。ここの責任者はどなたですか。

応答 I'm sorry but the manager is out.
申し訳ございません。責任者が不在でして。

---

in charge「担当で、責任を持って」

3 How did we fall so far behind schedule?
どうして予定がそんなに遅れてしまったのでしょう？

応答 We just didn't plan well.
しっかり計画を立てなかったからだよ。

---

behind schedule「予定に遅れて」⇒ far は「ずっと」という強意を表す。

4 Why didn't these boxes get shipped out today?
どうして今日こちらの箱を発送しなかったんだ？

応答 There was a mix-up about the delivery address.
配達住所に手違いがありまして。

5 I wouldn't have authorized such an expenditure, would I?
私がそんな経費を認めるはずがないでしょ？

応答 **Not without a full report showing the reason.**
理由を記したりっぱな報告書があれば別ですよ。

---

authorize「権限を与える、認める」
expenditure「経費」⇒ spend の名詞形の1つ。

6 How come the project is so far behind schedule?
どうしてそのプロジェクトはこんな大幅に遅れているんだ？

応答 **Buying the land took twice what we expected.**
用地買収に予想の倍の時間がかかったからなんです。

7 What's holding up the completion of the project?
どうして仕事の完成が遅れているのだろう？

応答 **There's more work than we realized.**
考えていたより仕事量が多いのです。

---

hold up ...「…を滞らせる」　　completion「完成」
realize「気がつく、自覚する」

8 These ads aren't what we decided on, are they?
この広告は我々が決めたものではないね。

応答 **No, we should give them a call and tell them how we feel.**
そうですね。電話してこちらの意向を伝えなきゃ。

9 Can I get a refund on this defective merchandise?
この不良品を返して返金してもらってもいいですか。

応答 **Sorry, our store doesn't give refunds on sale items.**
申し訳ありません。当店では、セール品の返品は受け付けておりません。

---

refund「返金」　　defective「欠陥のある、不良の」　　merchandise「商品」

6 企画、開発、製品、会議などに関する表現

1 Can you fit me into your schedule tomorrow?
明日、スケジュールを空けてもらえませんか。

応答 I can schedule you at 10:30.
10時半でしたら、大丈夫です。

2 How did the meeting turn out?
会議の結果はどうでしたか。

応答 We finally decided who to hire.
ようやく誰を採用するかを決めたよ。

turn out ...「…の結果となる」

3 Which model enjoys the best sales?
いちばん売れ行きのよい機種はどれですか。

応答 The newest model is selling the best.
最新機種がいちばん売れています。

enjoy「(利益などを)享受する」

4 Was your bid the lowest for the building project?
そのビル建設の入札価格は、御社のものがいちばん安かったのですか。

応答 Yes, and we've been awarded the contract.
ええ。そして、契約が取れました。

bid「入札、入札価格」

5 How long has your company been making that model?
御社ではあの機種を製造し始めてどのくらいですか。

応答 **That model dates back to 1994.**
その機種は1994年からですね。

---

date back to ...「…までさかのぼる、…に始まる」

6 Who got you to chair the entertainment committee?
誰があなたを宴会の幹事に選んだの？

応答 **I came up with the idea all by myself.**
すべて、自分で考えてやったことです。

---

chair「議長[幹事]を務める」　　come up with ...「…を思いつく」

7 How did the presentation go today?
今日のプレゼンテーションはどうでしたか。

応答 **Everyone seemed quite interested.**
皆さんかなり興味を示してくださったようです。

8 I suppose the picnic will be larger this year, won't it?
今年のピクニックはより盛大になると思いません？

応答 **That's what we're expecting.**
そのように期待しているんです。

⇒I suppose で始まっている文なのに付加疑問文が won't it? となっていることに注目。the picnic 以降を主体に考えている。

9 Will you run off some copies and distribute them at the meeting in the afternoon?
コピーを何部かとって午後の会議で配布してくれないかな？

応答 **I'll do it as soon as I finish my lunch.**
昼食を終えたらすぐにやります。

7 販売、営業、注文などに関する表現

1 Is it too late to increase our order?
注文を増やすには遅すぎますか。

応答 Let me call the warehouse to check.
倉庫に電話して確認を取りましょう。

increase「増やす」

2 How much would a new fax machine set us back?
新しいファックス機はいくらしますか。

応答 We could get one for less than we pay in rent.
借りるより安く買えるはずですよ。

set ... back「…の負担となる」　　less than ...「…より安く、…より少なく」

3 When can I expect my order to arrive?
いつ私の注文品は届きますか。

応答 It should be coming any day now.
もうすぐにでも届くはずですけど。

any day now「今すぐにでも、今日にでも」

4 Could you order some more of this paper, please?
この種類の紙をもっと注文してくれませんか。

応答 Yes, I'll do that right away.
ええ、すぐにいたします。

5 Wouldn't it make more sense to order another batch?
もうひと単位注文なさってはいかがでしょう？

応答 **The problem is our lack of storage space.**
問題は保管場所が不足していることなんです。

batch「ひとまとまりの数量」

6 Are you out of this book now?
今この本は売り切れですか。

応答 **Yes, but we've ordered more.**
はい、でもさらに注文いたしました。

7 Which of these orders is the most urgent?
この注文のうちいちばん急を要するのはどれですか。

応答 **The one for the Puttman Corporation.**
プットマン社のです。

urgent「緊急の」

8 Is there a discount for ordering these in bulk?
大口で注文すれば、こちらは割引になりますか。

応答 **We only do retail sales.**
私どもでは、小売りしかやっておりませんので。

in bulk「大口で、大量」　　retail「小売りの、小売り」

9 How many of these orders have been shipped?
こちらの注文品のうちいくつを発送しましたか。

応答 **About half of them. The rest will go out next week.**
ほぼ半分です。残りは来週になります。

rest「残り」⇒必ず the を付けて使う。

8 企業買収、統合、再建などに関する表現

1 How many partners support the merger?
何人の共同経営者が合併を支持していますか。

応答 Everyone thinks it will help the company.
全員それは会社に有益だと思っています。

merger「合併」⇒ merge は「合併する、結合する」という意味。

2 Are we really buying out an online shopping service?
本当にオンラインショッピングを買収するのですか。

応答 Yes, it'll complement our chain of retail outlets.
ええ、わが社の小売り路線を補完してくれますからね。

complement「補助する、補完する」　outlet「販路、小売り店」

3 How many people will be let go in the restructuring?
リストラで何人辞めることになりますか。

応答 About 3,000 or one third of the whole workforce.
3千人か全従業員の3分の1ですね。

restructuring「リストラ、再建」

4 Why isn't Healthmate fighting our acquisition drive?
ヘルスメイト社がわが社の買収工作に対抗的でないのはどうしてでしょう?

応答 They view us more favorably than other potential buyers.
ほかの買い付け候補社よりわが社を好意的に見ているんです。

acquisition drive「買収計画」⇒ acquisition は acquire(手に入れる)の名詞形。

CD 1-21

5 **Who will be the president of the combined company?**
合併会社の社長は誰になるのでしょうか。

> 応答 Mr. Johnson from our side, at least for the first year.
> 少なくとも１年目はこちらサイドのジョンソン氏ですね。

6 **What advantage would buying ABJ give us?**
ＡＢＪ社を買収すると、わが社にはどういうメリットがありますか。

> 応答 Their strength in foreign markets looks very appealing.
> 彼らの外国市場での強さは非常に魅力的ですね。

strength「強さ」⇒ strong の名詞形。

7 **How will the merger affect our market share?**
合併でわが社のシェアにどういう影響が出ますか。

> 応答 We'll jump into first place among life insurance companies.
> 生命保険会社の中ではトップになるでしょうね。

8 **Won't some of our branches be unnecessary after the merger?**
合併後は不必要になる支店が出てきませんか。

> 応答 Some will be, depending on their locations.
> 立地によっていくつかはそうなるだろうね。

depending on ...「…によっては」

第1章 イメージリスニングとクイックレスポンス

9 社内での雑務や雑談など、いろいろな表現

1 How are you getting along in your new job?
新しい仕事はうまくいっていますか。

応答 I'm getting used to it.
慣れてきました。

get along「うまくやる」

2 What do you go by at your office?
会社ではお互いを何て呼び合っているんだい？

応答 All of us are on a first name basis.
みんな下の名前で呼び合っているわ。

go by ...「…という名前で通る」

3 How far have you gotten with my report?
私の報告書はどこまで読まれましたか。

応答 I've skimmed through it once.
一度はざっと読みましたよ。

4 How is the new computer system working out?
新しいコンピューターの調子はどうですか。

応答 It's still too early to tell.
まだ使い始めたばかりで分かりません。

5 Would it be convenient to take a break now?
今ちょっと休んでもかまいませんか。

応答 Let's work a little longer.
もうちょっと働こう。

Unit 4 会社やビジネスで使う質問と応答

6 Can we take a break for lunch?
ちょっと休んで昼食にしませんか。

応答 OK. Let's stop for an hour.
いいね。1時間休もう。

take a break「休みを取る、休憩する」

7 Should we make it a lunch or meet for dinner?
お昼を食べながら話し合いをしますか、それとも夕食にしますか。

応答 I'm free in the evening that day.
その日でしたら夕方のほうが空いています。

make it ...「…に合わせて都合をつける」

8 We don't need to switch off the printer, do we?
プリンターの電源は消さなくていいんですよね？

応答 It will stay in sleep mode until we need it.
使うまではスリープモードのままにしておいていいのよ。

9 Do we have to send this document by overnight courier?
この書類は翌日配達便で送らなければなりませんか。

応答 We'd better. The people there are eager to have it.
そのほうがいいでしょう。先方の人たちは首を長くして待っていますから。

overnight courier「翌日配達便」
be eager to ...「…したがっている」

10 What made you think that the meeting had been rescheduled?
どうして会議の期日が変更になったと思ったの？

応答 **I thought that's what the memo said.**
あのメモはそういう意味だと思ったのです。

What made you think that ...?「どうして…だと思ったのか」
reschedule「予定を変更する」

11 Would you like me to come back at another time?
もう一度出直してまいりましょうか。

応答 **I'd really appreciate it if you would.**
そうしていただけると本当に助かります。

---

appreciate it if ...「…してくださると幸いです」
⇒ if 節を続ける場合は必ず it をつける。この it は省略できない。

12 Does it matter if these copies are a little light?
このコピーは少し薄くてもかまいませんか。

応答 **Just as long as they're legible.**
読めればいいのです。

---

legible「判読できる」

13 Why don't you hire more assistants?
もっと助手を増やしたらどうですか。

応答 **My boss says we can't afford it.**
私の上司がそんな余裕はないと言っています。

---

can't afford ...「…の余裕がない」

CD 1-23

14 Do you want to mail this package the cheapest way or by airmail?
この荷物はいちばん安いので送りますか、それとも航空便にしますか。

応答 Please send it surface mail.
普通郵便にしてください。

surface mail「普通郵便、船便」

15 How heavy do you think this letter is?
この手紙はどのくらいの重さがあると思いますか。

応答 Here. I have a letter scale.
はい、手紙用のはかりを持っていますよ。

16 Do you want me to print and mail these documents right away?
この書類はプリントアウトしてすぐに郵送するんでしょうか。

応答 No, not really. You can take your time.
いや、そうでもないよ。時間をかけてもいいよ。

take one's time「時間をかける、ゆっくりやる」

17 Would it be all right if I use this scanner now?
今このスキャナーを使ってもかまいませんか。

応答 How long are you going to need it?
どのくらい必要ですか。

Would it be all right if ... ?「…してもかまいませんか」
⇒許可を求める表現。Will it be all right if ... ?と同じだが、やや丁寧な言い方。Is it OK if ...?と言うと、ずいぶんくだけた表現となる。

10 転職、退職、引退などに関する表現

1 Why don't you just leave the job if you hate it so much?
そんなに仕事がいやなら辞めればいいのに。

応答 It's not the work but my boss that irritates me.
仕事じゃなくて、上司が私をいらいらさせるのよ。

hate「嫌う、にくむ」　irritate「いらいらさせる」

2 Will you renew your contract or change companies?
君は契約を更新するつもり？　それとも転職するの？

応答 I've accepted an offer from our competitor.
ライバル社からの誘いを受けることにしたの。

contract「契約」

3 Are you firing Bob or giving him a second shot?
ボブはクビにするの、それとももう一度チャンスを与えるの？

応答 I've decided to let him go for his benefit.
辞めさせることにしたよ。彼のためだよ。

give ... a second shot「改心させようとする」⇒ shot は「注射」という意味。1本目の効き目がないのでもう1本打つのが second shot になる。

4 Why would Mr. Butler want to leave the firm?
どうしてバトラーさんは会社を辞めるのかしら。

応答 He's been offered a better job.
もっといい仕事の話があるんだよ。

5 When does the president plan to retire?
社長はいつ引退するつもりなのでしょうか。

応答 The date will be announced next week.
その日にちは、来週発表されるでしょう。

6 When is the retirement party?
退職記念パーティーはいつですか。

応答 It depends on Mrs. Winter's schedule.
ウィンターさんの都合次第ですね。

---

retirement「引退、退職」⇒ retire の名詞形。

7 Are you thinking of changing your job to one that pays better?
もっと給料のいい仕事に移りたいと思っているの？

応答 No, that's not it, but I'd prefer a position with management potential.
いや、そうじゃなくて、昇進の可能性のある職がいいかなと思って。

---

management potential「管理職に就く可能性」

8 Have you decided where you'll live when you retire?
引退したらどこに住むかもうお決めになりましたか。

応答 We may turn our cottage into our permanent home.
コテージを終の棲家にするかもしれません。

9 Did you hear that Stan's leaving the firm?
スタンが会社を辞めるって聞いた？

応答 Yes, I hear he got a very good offer.
ええ、とってもよい仕事のオファーがあったらしいわ。

Unit 5 特殊表現を使った質問と応答

1 依頼や提案・勧誘を表す表現

1 Would you do me a favor?
お願いがあるんですが。

応答 Sure, what is it?
いいですとも、何でしょう。

favor「親切な行為、世話」
⇒ do someone a favor で「…の頼みごとをきいてやる」という意味。

2 Give me a break on the price, will you?
値段をもう少しまけてくれない？

応答 The price is already low, ma'am.
もう目いっぱい下げていますけど。

⇒ give me a break には「大目に見てくれ、助けてくれ」などいろいろな意味がある。

3 Could you hand me that bowl?
そのボウルを取ってくれない？

応答 There are two here. The big one?
2つあるけど、大きいほう？

hand「手渡す」

4 Shall I give you a hand with those bags?
そちらの荷物を運ぶのをお手伝いしましょうか？

応答 Don't bother. I can take them all myself.
おかまいなく。全部自分で持てますよ。

give ... a hand「手伝う」⇒主語が複数形でも a hand は複数形にはしない。

5 Shall we call it a day?
今日はもうこれでおしまいにしようか。

応答 Let's wrap up one more problem first.
その前に、もう1つ問題を片づけておこう。

call it a day「その日の仕事を切り上げる」
wrap up ...「…を片づける、…を仕上げる」

6 Would you like me to drop off this letter?
この手紙を出しておきましょうか。

応答 It's very kind of you.
それはご親切に。

7 Shall we play golf over the weekend?
週末にゴルフをしましょうか。

応答 Sorry, I have to work.
ごめんなさい、仕事なの。

8 What do you say to splitting the bill fifty-fifty?
支払いを半々にしません？

応答 That's fair. Our meals were about the same price.
それは公平だね。食事もほぼ同じ値段だったし。

9 Could you let me off with a warning, Officer?
おまわりさん、警告だけで見逃してくださいませんか。

応答 Sorry, I'm giving you a speeding ticket.
残念ですが、スピード違反の切符を切ります。

2 相手の都合や状況をたずねる表現

1 Have you got a minute now?
今ちょっといいかしら。

応答 Sure, what do you have in mind?
いいよ。どうしたんだい？

have ... in mind「…と思っている」
⇒質問文の a minute が a second になることもある。意味はほとんど変わらない。

2 Do you have the time?
何時か分かりますか？

応答 I think it's near 10.
10時近くだと思います。

⇒Have you got the time? もよく使われる。time に the が付かない場合との違いに注意。Do you have time? は「今お暇？」という意味。

3 Do you mind if I run a little late for dinner?
夕食に少し遅れていってもいいかな。

応答 It depends on how late you would be.
あなたがどのくらい遅くなるかによるけど。

run late「遅れる」

4 Isn't it almost time we started the meeting?
もうそろそろ会議を始める時間じゃないの？

応答 We're still waiting for Jim.
ジムをまだ待っているんです。

⇒一種の仮定法で、time に続く節の中の時制は過去形になる。「…してもよい頃だ」という「潮時」を表す。この文の almost の代わりに about や high を使うこともある。

5 Why don't we get together this evening?
今夜会わない？

応答 Sounds good to me. What time?
いいけど、何時に？

6 Mind if I take the last piece of pie?
そのパイの最後の一切れをもらってもいい？

応答 I wish you would. Then, I can wash that pie tin.
どうぞ、どうぞ。そうすればパイ皿を洗えるわ。

7 Anyone heading out toward Brighton?
誰かブライトンに行く人いない？

応答 I am. I'd be glad to give you a lift.
僕が行くよ。喜んで乗せていってあげるよ。

head out toward ...「…に向けて出発する」

8 How do you like your coffee?
コーヒーはどのように？

応答 I take mine black.
ブラックでお願いします。

9 How do you find apartsment living?
アパート住まいはどう？

応答 It kind of suits my lifestyle.
僕のライフスタイルに合っている感じだよ。

find「…を知る、…と考える」

3 意外な応答のパターン

ある質問のパターンに対していつも型どおりの応答が返ってくるとは限りません。ここでは意外な応答の例をいくつか挙げてみました。TOEICでは、こうした意外な応答もよく出題されます。ニュアンスをつかむ感じで聞きましょう。

1 Are you ready to go?
出かける準備できた？

応答 I was waiting for you.
僕は君を待っていたんだけど。

2 May I try this suit on?
このスーツを試着してもいいでしょうか。

応答 I'm a customer, too.
私も客なんですけど。

---
try ... on 「…を試着する」

3 Where did you park?
どこに駐車したの？

応答 I came by bus today.
今日はバスで来たんだ。

4 Will the next bus go downtown?
次のバスは町の中心街に行きますか。

応答 You're on the wrong side of the street.
方向が反対ですよ。

---
go downtown 「中心街に行く」　⇒ downtown の前に to を付けないこと。

5 Who sent you those flowers?
誰が君にその花を送ってきたの？

応答 These flowers are for you.
この花はあなたによ。

6 Would you like more coffee?
もっとコーヒーはいかがですか。

応答 This is tea I'm drinking.
私が飲んでいるのは紅茶ですよ。

7 Do you know Ken Woods?
ケン・ウッズさんをご存知ですか。

応答 I guess I do. That's me.
でしょうね。それ、私ですから。

8 Were there any mistakes on your bill?
請求書に何か間違いでもございましたでしょうか。

応答 I'm still waiting for that.
まだもらうのを待っているんですけど。

9 Do you want a table for two?
お２人様のテーブルがお望みでしょうか。

応答 We're not together.
私たちは一緒ではないんです。

第1章　理解度チェックテスト

状況判断チェック

　質問文を聞いて、質問が行われている場所、質問者は誰か、誰に質問しているのか（応答者は誰か）を判断するチェックテストをやってみましょう。ここでは、CDに日本語は収録されていません。

（1）場所はどこでしょう？　　　　　　　　　　　　　　　CD 1-29

　質問文を8つ読みます。それぞれの質問が行われる場所をⒶ〜Ⓒの中から選んで、記号を○で囲みましょう。

1. Ⓐ 旅行代理店	Ⓑ 郵便局	Ⓒ 文具店
2. Ⓐ 食品売場	Ⓑ 実験室	Ⓒ 自動車販売店
3. Ⓐ 列車	Ⓑ ホテル	Ⓒ レストラン
4. Ⓐ 牧場	Ⓑ 機内	Ⓒ スーパーマーケット
5. Ⓐ 空港	Ⓑ 郵便局	Ⓒ ファーストフード店
6. Ⓐ 運送会社	Ⓑ 靴屋	Ⓒ 薬局
7. Ⓐ 街角	Ⓑ 衣料品店	Ⓒ 書店
8. Ⓐ 美術展	Ⓑ 映画館	Ⓒ レストラン

（2）質問者は誰でしょう？　　　　　　　　　　　　　　　CD 1-30

　質問文を8つ読みます。それぞれの質問をしている人をⒶ〜Ⓒの中から選んで、記号を○で囲みましょう。

1. Ⓐ レジ係	Ⓑ ウェイトレス	Ⓒ ディナー客
2. Ⓐ レジ係	Ⓑ 客室乗務員	Ⓒ フロント係
3. Ⓐ 郵便局員	Ⓑ 航空会社の社員	Ⓒ 旅行代理店の店員
4. Ⓐ 大学教授	Ⓑ 通りすがりの人	Ⓒ タクシーの運転手
5. Ⓐ 運転手	Ⓑ 入国審査官	Ⓒ 警官
6. Ⓐ 機長	Ⓑ 乗客	Ⓒ 運送業者
7. Ⓐ 医者	Ⓑ 警官	Ⓒ 患者
8. Ⓐ 歯科医	Ⓑ 患者	Ⓒ 受付係

(3) 質問に答える人は誰でしょう？ CD 1-31

質問文を6つ読みます。今度は、それぞれの質問を受けて応答する人を答えます。応答者をⒶ～Ⓒの中から選んで、記号を○で囲みましょう。

---

1. Ⓐ 空港の案内係　　　　　　　Ⓑ 切符売り場の係員
   Ⓒ 旅行代理店の店員
2. Ⓐ レストランの客　　　　　　Ⓑ シェフ
   Ⓒ スーパーの店員
3. Ⓐ オペレーター　　　　　　　Ⓑ 電話をかけてきた人
   Ⓒ 電気工事技師
4. Ⓐ フロント係　　　　　　　　Ⓑ 宿泊客
   Ⓒ 客室係
5. Ⓐ クリーニング店の店員　　　Ⓑ ジムのインストラクター
   Ⓒ 衣料品店の店員
6. Ⓐ バスの運転手　　　　　　　Ⓑ バス停にいる人
   Ⓒ 乗車券の販売係

解答とスクリプト

(1) 場所はどこでしょう？ CD 1-29

1. 答 Ⓑ 郵便局

   How much will this letter to India cost?
   「この手紙はインドまでいくらでしょうか」
   【語注】cost「（金額が）かかる」

2. 答 Ⓒ 自動車販売店

   Which one would you like to test drive?
   「どの車に試乗なさいますか」

3. 答 Ⓐ 列車

   Shall we go to the dining car?
   「食堂車に行こうか」

4. 答 Ⓒ スーパーマーケット

What aisle is milk on?

「牛乳はどの売り場にありますか」

【語注】aisle「通路」
⇒棚や座席にはさまれているスペースや通路を指す。日本語では「どの棚にありますか」とたずねるが、英語では「どの通路にありますか」のようにたずねる。

5. 答 Ⓐ 空港

Can I have two carry-ons?

「機内持ち込み手荷物を2つ持ってもかまいませんか」

【語注】carry-on「機内持ち込み手荷物」⇒複数形の作り方に注意。

6. 答 Ⓑ 靴屋

Do you carry women's running shoes?

「女性用のランニングシューズを置いていますか」

【語注】carry「(在庫・商品として)置いている」

7. 答 Ⓒ 書店

Where are the non-fiction bestsellers?

「ノンフィクションのベストセラー本はどこにありますか」

8. 答 Ⓒ レストラン

Could we see your menu again?

「メニューをもう一度見せていただけますか」

(2) 質問者は誰でしょう？　　　　　　　　　　　CD 1-30

1. 答 Ⓑ ウェイトレス

Shall I bring your coffee with your meal?

「コーヒーはお食事といっしょにお持ちしましょうか」

2. 🈶 Ⓐ レジ係

Do you want paper or plastic bags?

「紙袋とビニール袋のどちらになさいますか」

【語注】plastic bag「ビニール袋」⇒日本語では「ビニール」と言うが、英語では plastic と言う。文頭の Do you want も文尾の bags も省略して Paper or plastic? のように言うこともある。

3. 🈶 Ⓐ 郵便局員

Do you want to send your package airmail?

「小包は航空便で送られますか」

⇒「船便」や「普通郵便」は sea mail あるいは surface mail と言う。

4. 🈶 Ⓒ タクシーの運転手

Shall I drop you here at the corner?

「この角でよろしいですか」

【語注】drop「(人を乗り物から)降ろす」

5. 🈶 Ⓒ 警官

May I see your driver's license?

「運転免許証を見せてください」

6. 🈶 Ⓑ 乗客

Will we reach San Francisco on time?

「定刻にサンフランシスコに着くんでしょうか」

【語注】reach ...「…に着く」⇒前置詞を伴わずに目的語が直接続くことに注意。

7. 🈶 Ⓐ 医者

Can you tell me when your symptoms began?

「いつ頃この症状が出ましたか」

【語注】symptom「症状、徴候」

8. 🈶 Ⓑ 患者

Can I see a dentist right away?

「先生にはすぐに診てもらえますか」

【語注】dentist「歯医者」　right away「すぐに」

(3) 質問に答える人は誰でしょう？

CD 1-31

1. 答 Ⓒ 旅行代理店の店員

   When can I pick up my airline tickets?

   「私の航空券はいついただけますか」

   【語注】pick up ...「…を手に取る」

2. 答 Ⓐ レストランの客

   How would you like your eggs?

   「卵はどのように料理いたしましょうか」

3. 答 Ⓑ 電話をかけてきた人

   Can you hold while I connect you?

   「おつなぎしますので、そのままでお待ちくださいますか」

   【語注】while「…する間に」

4. 答 Ⓐ フロント係

   Does my room include breakfast?

   「私の部屋は朝食付きですか」

   【語注】include「含む」

5. 答 Ⓒ 衣料品店の店員

   Where are your light-weight summer suits?

   「軽量のサマースーツはどこでしょうか」

6. 答 Ⓑ バス停にいる人

   Have you been waiting for the bus for London?

   「ロンドン行きのバスをお待ちですか」

   【語注】for London「ロンドン行きの」

第2章

言いたいことが言える
クリエイティブ・スピーキング

　基本的な英会話のパターンだけを暗記しても、英会話をマスターしたとは言えません。相手とコミュニケーションを図り、自分のことを主張したり一歩進んだ内容のことを話したりする必要があります。そのためには、パターンの暗記だけでなく、自分で言いたいことをクリエイトする「創造力」が不可欠です。

　この章では、言いたいことを創造して話す能力を学習しましょう。

本章の学習法

この章では、TOEIC Part 3 の問題形式に合わせ、会話によく使われる英語表現を掲載しました。状況判断力をつけてリスニング力をアップさせ、そのあと、習得した表現を自分に合わせて発言するスピーキング学習を進めていきましょう。

―――――― リスニング力アップのために ――――――

まず、リスニング力養成として、第1章と同じように「状況判断トレーニング」を進めていきましょう。

状況判断力を習得する

第1章で質問文を聞いてその状況を判断するトレーニングを行ったように、この章でも、会話の行われている状況を瞬時に判断するトレーニングを進めましょう。会話の内容を理解する最初のポイントは、その会話の大まかな内容をつかむことです。

TOEIC の Part 3 では「どこでの会話か」とか「内容は何か」、「誰と誰の会話か」といった質問が出されますから、会話を聞いたら瞬時にこうした状況が判断できるようにしておく必要があります。

状況を把握するトレーニング

英文を聞きながら、その状況を頭の中に思い描く学習法です。英文の中には状況や内容を決定づける表現が含まれています。たとえば次の文で考えてみましょう。

【例】 **Dancing sounds inviting, but I need to get to bed early.**
「ダンスはおもしろそうだけど、早く寝なくちゃならないの」

この文では、色刷りの sounds inviting, but という部分が「おもしろそうだけど…」という意味になり、「弱い拒絶」を表していると判断できます。ただ、会話は、ある一部の表現だけで内容が決定づけられるというものではありません。上の文を含んだ会話では、おそらく、sounds inviting 以外にもあまり誘いを受けたくないニュアンスの表現があるはずですから、そういった表現に注意しながら聞きましょう。

細部よりも全体を聞く習慣をつける

「木を見て森を見ず」ということわざがありますが、私たちのまわりの英語学習法や教材は、細部にはこだわるけれども全体像はおろそかにされている、まさに「木を見て森を見ず」状態のものが多いように感じます。本来の学習

法は逆で、「全体から細部へ」であるべきです。全体像をとらえる学習を続けていくと、細部が見えてくるようになってきます。ただ、全体像をとらえるために手がかりとなる最低限の表現（単語を含む）は、前もって習得しておく必要があります。

テキストとCDを使った学習①

テキストとCDには、習得すべき英語表現をいろいろな状況別にまとめてあります。最初は、テキストの英文を目で追いながらでかまいません。どの状況でどういった表現が使われるのかを念頭に置きながらCDを聞きましょう。「こういう状況ではこんな表現が使われるのか」ということを常に意識しながら聞きます。

テキストとCDを使った学習②

テキストを見ながらの学習がひととおり終わって、その状況に特有の表現が理解できたら、こんどはCDを聞きながら特有表現をキャッチする学習をします。その際に、情景を頭の中に思い描く学習を取り入れましょう。

こうした学習を続けていけば、ある表現を聞いた瞬間にその状況が判断できるようになります。

CDだけで、片方のイヤホンを外してトレーニング

CDでは、左のトラックに英語を右のトラックに日本語を収録しています。ですから、右のイヤホンを外すと英語だけが流れ、日本語部分がポーズになります。英語だけを流しながら、このポーズのあいだに「場所はどこか」とか「どんな状況の英文か」などを頭の中にイメージ（画像を描く）するトレーニングをしましょう。

スピーキング力アップのために

では、スピーキング力をアップさせるために、「リピーティング」と「クリエイティブ・スピーキング」の学習をしましょう。

1. リピーティング

リピーティングというのは、文字どおり、お手本のあとについて言う学習で、モノマネです。自分で考え自分の表現で話そうという趣旨の「クリエイティブ・スピーキング」と矛盾しそうな学習法ですが、これは、言わば「口慣らし」トレーニングで、学習のごく初期の段階だけの方法です。そろばんの指慣らしやキーボードのブラインドタッチのように、意識しなくても無意

識にできるようにするためのものです。

この学習は、昨今その効果がうたわれている「音読学習」に似ていますが、音読では発音を間違って覚えていてもそれに気づかないまま終わってしまうことがあります。一方リピーティングの場合は、ネイティブ・スピーカーの発音をそのままマネますから、間違えて覚えていた発音にも気づき、矯正していくことができるというわけです。

なぜ口慣らし学習が必要か？

外国語学習の初期の段階で私たちが最も苦労するのは、単語と発音の習得でしょう。「th のときは舌をちょっと噛んで」とか「f は下唇を上の歯にちょっと当てて」のように、常に意識しながら発音しなければなりません。しかし、パターンプラクティスのように決まった英文を口に出して言っているあいだは、意識が発音に向かってもかまいませんが、自分の言葉で話さなければならない段階になっても発音の仕方が気になるようですと、話す内容に集中できません。これでは本末転倒です。

ですから、最初のうちは、こうしたリピーティング学習を重ね、発音が無意識にできるようにしておく必要があるというわけです。

ＣＤで、片方のイヤホンを外してリピーティング学習

「状況判断トレーニング」のように日本語のトラック（右のイヤホン）を外して学習します。ポーズ（日本語の部分）のあいだに、聞いた英文をマネして言います。最初のうちは、細かい発音にも注意しながらていねいにリピートしましょう。発音を意識しなくても言えるようになったと感じられるようになったら、次の「クリエイティブ・スピーキング」に移りましょう。

2. クリエイティブ・スピーキング

「言いたいことが言える」ようになるトレーニングをしていきましょう。テキストやＣＤの中から、自分に合った表現、内容、言い方などをピックアップし、自分なりにアレンジして発話できるようにしましょう。

パターンプラクティスから少しずつ脱却することがポイント

英会話の学習と言うと、役に立つ英語表現を覚え、それをそのまま使うことだと思っていた人も多いのではないでしょうか。しかし、人と話し始めるとすぐに気づくことですが、ほとんどの場合、覚えた表現がそのまま使えないものです。できるだけ早く自分の言葉で話せるようにすべきでしょう。とは言っても、話す文をいきなり自分で作るのは大変でしょうから、最初のうちはやはり模範となる文を覚え、それを借りたり単語や表現を少しずつ変えたりして自分なりの表現を作っていきましょう。

学習のステップ

ステップ① 決まり文句はそのまま使い、ほかを言い換える。

たとえば、112ページには次の表現があります。

【例】**What a pity! It was a very well-behaved dog.**
「かわいそうに。とてもしつけのよかったワンちゃんでしたのに」

What a pity! は言わば単語のようなもので、これ以上は変更できません。ですから、そのまま使い、あとの It was a very well-behaved dog. の部分を自分なりに言い換えます。たとえば、She was very cute.（とってもかわいかったのに）と言うことができます。そうすると、次のようになります。

【言い換え例】**What a pity! She was very cute.**
「かわいそうに。とてもかわいかったのに」

ステップ② 単語を入れ替えて言い換える。

これは一種のパターンプラクティスですが、初めの段階では効果的です。たとえば117ページにある次の文を言い換えてみましょう。

【例】**We're not supposed to have dyed hair at my job.**
「私の仕事では髪を染めてはいけないことになっているの」
↓
We're not supposed to have MD players at school.
「学校にＭＤプレーヤーは持って行けないの」

クリエイティブスピーキングのポイント

まえがきにも書きましたが、この学習のポイントは次の3つです。
1. できるだけ短い文で言う。
2. 複雑な構文は使わない。
3. むずかしい単語は使わない。

表現や単語をその場ですぐに言い換えられないときは、最初は書いてからそれを読んで言う方法を取ってもかまいません。このとき、上の3つのポイントを念頭に置きながら書きましょう。このポイントに沿って書くと、できた文は「短くて単純で簡単な単語だらけ」になるはずです。そして、読んでみると「ちょっと恥ずかしい文だな」と思うかもしれませんが、口に出して言うと、立派な英会話の文になっていることに気づくと思います。

スムーズに聞こえるまで何度も口に出して言いましょう。fluency（流ちょうさ）は英会話の重要なポイントです。

第2章 クリエイティブ・スピーキング

Unit 1 自分や身の回りのことを伝える表現

1 自分自身や家族のことを話す

1 In fact, my name is Sarah, but I go by Sally.
私の名前は実はサラですけど、通称サリーで通っています。

go by ...「通称…で通す」

2 I didn't realize your father-in-law lives with you.
義理のお父さんも同居されているとは知りませんでした。

father-in-law「義理の父」⇒ mother, sister, brother などに-in-law を続けると、「義理の…」という意味になる。複数形は brothers-in-law のようにする。また、in-law だけでも「姻戚、姻族」という意味の名詞になる。複数形は in-laws。

3 I'm the second oldest of four brothers.
私は 4 人兄弟の 2 番目です。

4 We're planning to get married in a few months.
私たちはあと何か月かで結婚する予定です。

get married「結婚する」⇒これに対して、「結婚している」状態は be married となる。「…と」に当たる前置詞は with でなく to。with ... は「結婚して 2 人の子どもがいる」のような場合に使う。【例】She's married with two children.

5 Your house is not all that far from our old house.
お宅は私の以前の家からそんなに遠くはないんですね。

all that ...「(notを伴って)そんなに…ではない」⇒この that は副詞。

6 What a big family! I wish I had a lot of sisters.

大家族ですね。私にもお姉さんや妹たちがいたらなあ。

I wish I had ...「…を持っていればなあと思う」
⇒現在の事実とは違うことを仮定する用法。

---

7 Let me introduce my husband to you.

夫をご紹介しましょう。

Let me ...「…しましょう」⇒直訳では「…させてください」となるが、日本語の「…しましょう」というニュアンスに近い。

---

8 Actually, my wife and I graduated from the same college.

実は、妻と私は同じ大学の出身なのです。

---

actually「実は、本当は」
⇒ my wife and I のように、自分を含めて話す場合は I をあとのほうに持ってくる。

---

9 We're virtually neighbors. I live in Redwood City.

私たちは言わば隣同士ですよ。私はレッドウッド市に住んでいますから。

---

virtually「事実上、実質的に」

---

10 I'll add you to my address book.

住所録にあなたを加えておきましょう。

2 自分の所属や仕事、趣味などを伝える

1 By train. It's not nearly as stressful as driving.
電車です。車通勤ほどのストレスにはなりませんよ。

2 I recently got transferred to the accounting section.
最近、経理課に配属されましてね。

recently「最近」
transfer「異動させる、配属する」
accounting section「経理課」

3 That's just how long I've been doing my job, too.
それは、私が仕事をしてきた期間とも同じですね。

4 I've decided to keep working there until my contract ends in May.
5月に契約が切れるまで、そこで働き続けることにしました。

contract「契約」

5 Then, you must know Betty. She's in human resources.
じゃ、きっとベティをご存知ですね。彼女は人事部にいますから。

human resources「人事部、人材開発課」

6 Surprisingly, night work suits me quite well.
意外なことに、夜勤のほうが私には向いているんです。

surprisingly「意外にも、驚くべきことに」

7 A glass of beer helps me unwind at the end of the day.
ビール1杯で、一日の疲れがすーっと取れますよねえ。

unwind「緊張が解ける、くつろぐ」

8 I moved here after that, during the summer of 2001.
ここに引っ越してきたのは、そのあと、2001年の夏です。

⇒ 2001 は two thousand one のように読む。

9 I used to dream of being a flight attendant.
昔は客室乗務員になりたいなと思ったものでした。

flight attendant「(飛行機の)客室乗務員」
⇒ steward や stewardess の代わりに、性別を意識しない表現の flight attendant が定着してきている。

10 I write educational books for a living.
教材の執筆が私の仕事です。

educational「教育の」
for a living「生計の手段として」⇒ a がつくことに注意。

3 自分の立場や状況を説明する

1 Don't apologize. My apartment is much dirtier than this.

謝ることはないよ。僕のアパートはこれよりもっと汚いよ。

apologize「謝る」
dirtier ⇒ dirty（汚い）の比較級。

2 I have to turn off my phone. I'm getting on the train now.

電話を切るわね。電車に乗るところなの。

turn off ...「…の電源を切る、…を止める」

3 Maybe you've noticed that I'm too busy to stop for lunch.

僕が昼飯も食えないくらい忙しいって、見れば分かるでしょ。

notice「気づく」

4 I only want to take a quick look at the headlines of the paper.

新聞の見出しをちょっと見るだけでいいんだ。

5 You can draw me a map on the back of my business card.

僕の名刺の裏に地図を描いてくれればいいよ。

6 Move toward the back. More people are getting on.

奥に詰めてください。もっと多くの方が乗ってきます。

back「奥」⇒ここでは「裏」ではなく「奥」という意味。

7 I need to stay here in case a call comes in.

電話があるといけないから、ここにいなきゃ。

in case ...「万一…、念のため」
⇒if よりも口語的で、会話にはよく使われる。just をつけて just in case と言うことも多い。

8 You don't look it. I would've guessed you're 30.

そんなには見えませんよ。30歳くらいかと思いました。

⇒look の使い方に注目。ここでは「…のように見える」という意味。it は、この文の前に相手が言った「私は実は40歳です」のような内容をうけている。

9 That's the smallest we have in the men's department.

紳士服売り場ではそれがいちばん小さいサイズになります。

department「売り場」

4 体調や症状を説明する

1 I've been coughing constantly since this morning.

今朝からずっと咳が止まらないんですよ。

---

cough「咳をする」　constantly「絶えず、しきりに」

2 I have a shooting pain in one of my lower back teeth.

下の奥歯がうずくように痛いんです。

---

shooting pain「うずくような痛み」　back teeth「奥歯」

3 My eyes feel itchy when there's pollen in the air.

空中に花粉が舞い始めると、目がかゆくなるんです。

---

itchy「かゆい」
⇒動詞形の itch の1語だけでも「かゆく感じる」という意味になる。
pollen「花粉」

4 All the bicycling I did yesterday made my muscles tight.

昨日ずっと自転車に乗っていて、筋肉がパンパンだよ。

5 My throat isn't as sore as it was two days ago.

私の喉は一昨日ほど痛くはありません。

---

sore「痛い、ひりひりする」

6 Two hours after I took the pills, my temperature became normal.

その錠剤を飲んで2時間したら、平熱に戻りました。

---

7 I twisted this ankle when I fell, and look, it's swelling up.

転んで足首をくじいてしまったの。ほら、腫れてきているでしょ。

ankle「足首」　swell「腫れる」

---

8 My skin is sunburned, so I'm itching all over.

肌を日焼けしてしまって、あちこちがかゆいんだ。

sunburn「日焼けする」　itch「かゆく感じる」⇒ itchy の動詞形。

---

9 I hit my toe against the door, and it's throbbing with pain.

つま先をドアにぶつけてね、痛くてずきずきするんだ。

throb「ずきずきする」

---

10 I'm sneezing non-stop with all this dust in the room.

部屋がほこりっぽくて、くしゃみが止まらないの。

sneeze「くしゃみをする」

Unit 2 情報を伝える表現

1 第三者のことを伝える

1　His name is Bob Elliot, our new engineer.
彼の名前はボブ・エリオットです。新人のエンジニアです。

2　Kathy? I guess I've known her for five years now.
キャシーですか。知り合ってからもう5年になると思います。

3　He and his wife are expecting a baby any day now.
彼のところにはもうすぐ赤ちゃんが生まれるんです。

expect a baby「赤ん坊が生まれる」
⇒ pregnant（妊娠して）を柔らかく言う表現。

4　She seems to be getting used to working at the front desk.
彼女はフロントの仕事に慣れてきたようですね。

get used to ...「…に慣れる」⇒ to のあとには動名詞や名詞が続く。

5　He's here to help us get all the back orders sent out.
注文品の発送の遅れを取り戻すために、彼に来てもらっています。

back order「繰り越し注文、発送の遅れた注文品」

CD 1-36

6 Jenny wants to move out as soon as she can.

ジェニーはできるだけ早く引っ越したいのだそうです。

7 The doctor is ready to see you now, Mrs. Bates.

ベイツさん、先生の診察の準備ができました。

---

ready to ...「…の用意ができて」

---

8 I'm closed now, but the teller at Window 6 can help you.

この窓口は閉めましたけど、6番窓口の者がお伺いいたします。

---

teller「銀行の窓口係」
⇒銀行の ATM は automated teller [telling] machine の略。

---

9 That man is getting up. Take his seat.

あの男の人が立とうとしているわ。あの席を取って。

10 It's the paperboy. He wants to collect for our subscription.

新聞屋さんだよ。集金に来たって。

---

paperboy「新聞配達の少年」
collect for ...「…の集金をする」
subscription「購読」⇒動詞は subscribe となる。つづりに注意。

第2章 クリエイティブ・スピーキング

2 見たり学んだりしたことを伝える

1 Look on Page 3. The city's expanding the hospital.
3ページをご覧ください。市では病院を拡張する予定です。

---

expand「拡張する」

2 In fact, there were some great marketing presentations at the seminar.
実は、セミナーではマーケティングのすばらしい発表がありました。

---

in fact「実は、実のところ」

3 One interesting sight we saw was the view of the harbor.
私たちが見た中では、港の景色がきれいだったわ。

4 My favorite scene was when the main characters first met.
私が好きなのは、主人公たちが最初に出会う場面なの。

---

favorite「お気に入りの、大好きな」

5 At the workshop, I learned how to use the new software.
研修会では、新しいソフトウェアの使い方を習ったの。

6 For that, turn to the chart showing our sales at each store.

その件でしたら、各店の売り上げを示した表をご覧ください。

---

turn to ... 「…のほうを向く」

---

7 The memo's main point was the health check schedule.

そのメモの主なポイントは、健康診断のスケジュールについてでした。

---

8 Read the memo again. I'm sure the meeting was canceled.

メモをしっかり読んでよ。会議はキャンセルになったはずよ。

---

9 This Hawaii brochure looks great with its deep blue seas.

このハワイのパンフレットは、紺碧の海がすごくきれいだよ。

---

brochure「パンフレット」⇒ pamphlet に比べて厚い感じ。

---

10 It turned out the cost of the flight will be about 20% over budget.

その便を使うと2割がた予算オーバーになることが分かりました。

---

turn out ... 「…だと判明する」　　budget「予算」

3 人から聞いたことを伝える

1 Roger said the manager liked the new office layout.

ロジャーが言うには、課長はオフィスの新しいレイアウトが気に入っているそうだよ。

2 I didn't hear that, but layoffs wouldn't surprise me.

それは聞いていなかったけど、レイオフは寝耳に水ではないね。

---

surprise「驚かせる」⇒自分が「驚く」と言う場合には受け身形で表現する。

3 The announcement said our plane will be taking off late.

僕らの乗る飛行機は出発が遅れるってアナウンスがあったよ。

---

take off「離陸する、出発する」
⇒The announcement said と過去形の文なのに our plane will be となって時制が一致されていないことに注目。飛行機の出発がこの発言よりもあとの場合には、時制の一致をしないで未来形のまま使うことが多い。

4 The latest word is that the president plans to resign.

社長が辞めるらしいっていうのが、最新情報よ。

---

word「うわさ、情報」
resign「辞める、退く」
⇒役職にある人が職を退く場合に使う。ふつうの社員が会社を辞める場合は、quit the job、leave the office のように言う。

5 It was Terry. She wants you to call her back.

テリーだったよ。折り返し電話がほしいって。

call ... back「…に折り返し電話する」

6 You didn't miss much. They were just introductions.

そんなに見逃したわけじゃないよ。導入部分だけだったから。

7 Here. I wrote down the dates they'll arrive and leave.

ほら。彼らの到着日と出発日だよ。

write down ...「…を書き留める」

8 The director announced Vivien got the main singing part.

ディレクターの発表では、ヴィヴィアンがメインボーカルなんだって。

main singing part「メインボーカル、歌の主要部分」

9 Play it back. The caller gave her phone number.

もう一度再生して。電話をくれた人が番号を言ってたわ。

Unit 3 主張の表現

1 正当性を主張する

1 You'll see I'm right that this model will sell fast.
この機種が速くはけるっていう僕の言い分が正しいのが分かるよ。

---

sell「よく売れる」⇒ sell には「…を売る」という他動詞の意味のほかにも、このように自動詞で「よく売れる」という意味がある。

---

2 It's true that our costs are up nearly five percent.
経費がほぼ5パーセント上がっているのは事実なんです。

---

3 Sure. Customers would go for an 8:00 opening.
もちろん。お客様は8時の開店を望んでいるでしょう。

---

go for ...「…を目標に進む、…をほしがる、…に乗り気になる」

---

4 That's fair. Pick vacations based on seniority.
それは公平だね。年功序列で休暇を取るんだ。

---

based on seniority「年功序列で、勤務年数に基づいて」
seniority「年長、先輩であること」

---

5 Paula's right. The non-drinkers' share shouldn't include drinks.
ポーラに理があるよ。飲まない人は飲み物の分を除くべきだよ。

---

share「1人分の支払い」　　include「含む」

CD 1-39

6 Just like you said, an executive position means longer hours.

まさに君が言ったように、役職者は勤務時間が長くなるってことだよ。

---

just like you said「あなたが言ったように」⇒このように like を接続詞として使い、あとに節を続けるのは、厳密には間違いだが、今では一般的になりつつある。
executive position「役職」

7 The data show that her sales projections were on target.

データによると、彼女の販売予測が的中したんです。

---

projection「見通し、推測」⇒動詞形は project。
on target「的中して、的を射て」

8 Shoppers flocked in on the last day just as Ed predicted.

エドがまさに予測したように、お客が最後の日に集中したね。

---

flock in「繰り出す」
predict「予測する」

9 Kim had it right. You can't take kids to that movie.

キムの言ったとおりよ。子どもをそんな映画に連れていっちゃだめよ。

2 反対や抗議を示す

1 You're wrong. Driving across town takes about 30 minutes.
そうじゃないよ。車で町を通過するのに約30分かかるよ。

across town「町を横切って、町じゅうを」

2 It's not like that. Older workers can have fresh ideas.
そんなんじゃないんだよ。年配の人だって斬新なアイデアを出せるさ。

3 You're forgetting that efficiency is higher at the Ohio plant.
オハイオ工場では効率がもっと高いってことをお忘れでは？

efficiency「効率、能率性」

4 No way! That schedule's much too tight.
論外だよ！　そんなスケジュールではきつすぎるよ。

no way「決して…ない、まさか、そんなバカな」

5 That budget isn't realistic with energy costs way up.
燃料費が跳ね上がっているから、そんな予算は非現実的です。

way up「跳ね上がって、上位に位置して」⇒ way は強意の副詞。

6 In theory, yes, but no store has sold more than 30,000.

理論的には正しいけど、3万以上売った店はありません。

---

7 Not that many! Two cans of beer per person are enough.

そんなに多くなくても。1人当たりビールは2缶で十分だよ。

⇒ Two cans of beer per person をひとまとまりのものと考えて be 動詞を is にすることもある。

---

8 I'll bet in a week we'll go back to closing the store at 9:00.

1週間で店はきっと9時閉店に戻ると思うよ。

I'll bet ...「きっと…だろう」

---

9 You'll see. People won't dance with such slow music.

今に分かるよ。人はそんなスローな曲では踊らないよ。

---

10 A Pierson branch will turn out to be a terrible idea.

ピアソン支店は、きっと悲惨な結果に終わるだろう。

A Pierson branch「ピアソンに出店するであろう支店」⇒ A が付いていることに注目。

3 示唆や提案を表す

1 If we extended our hours, we'd need more staff.
営業時間を延ばすのであれば、もっとスタッフが必要ですよ。

---

hours「営業時間、勤務時間」
【例】What are the hours?「営業時間は何時から何時まで?」

2 That would mean shipping in half the time.
配送が半分の時間で済むということです。

---

mean「…という意味である」

3 We could try paying commissions and see how it goes.
歩合給を払ってその後の成果を見てみたらどうでしょうか。

---

commission「委託料、手数料、歩合給」

4 We ought to test the menu at a few of our locations.
そのメニューをいくつかの店で試験的に実施してみたらどうでしょう?

---

location「位置、場所」⇒ここでは「支店」という意味で使っている。

5 The stock could only sell out with a big price cut.
大幅値下げをしないと、在庫品はさばけませんよ。

6 A new store layout might bring in more customers.

店のレイアウトを変えれば、お客が増えるかもしれません。

---

7 Advertising on TV would make us much better known.

テレビで広告すれば、わが社の名前をもっと広められるでしょう。

---

advertise「広告する」

---

8 Producing overseas could save us a lot of money.

海外生産で経費節約がかなりできるはずです。

---

overseas「海外で」
⇒副詞なので前置詞はつけない。同じような用法で注意したい語に downtown がある。この語にも前置詞はつけない。

---

9 That long line for tickets means the movie is a good one.

切符を買うためのあの長い列を見れば、いい映画だって分かるよ。

---

10 More exercise might get rid of your back pain.

もっと運動すれば腰の痛みがなくなるかもよ。

---

get rid of ...「…を除く、…を捨てる」
back「背中、腰」

Unit 4 同意・賛同を表す表現

1 相手に同意を求める

1 Supporting the manager would get you a better schedule.

課長を補佐すれば予定がもっとうまく運ぶと思いますけど。

⇒ would は仮定法の用法になっており、相手の同意を引き出そうとしている。

2 I'd be happy if you ran the workshop.

研修会を開いていただけると幸いです。

run「開催する」

3 Tell me your opinion about painting the living room pink.

リビングルームの壁をピンクに塗るのを、君はどう思う？

4 I would certainly appreciate it if you worked late today.

今日残業をしてくれると本当に助かるんだけど。

appreciate「…を感謝する」⇒ if 節を続ける場合は、その内容を受ける it が必要。この it は省略することはできない。

5 It's time to decide. Let's add an evening hour on the store's schedule.

決断のときですよ。店の閉店を夕方あと1時間延ばしましょう。

6 Say where you stand. The kids want to eat out.

さあ、君はどっちにつく？ 子どもたちは外食したがっているよ。

eat out「外食する」

7 I hope you'll agree that a new car is too expensive for us.

新車は私たちには高すぎるって分かってもらえるでしょ。

expensive「値段が高い」

8 Let's hear from everyone. The party could be held outdoors.

みんなの意見を聞こう。パーティーは屋外でいいと思うけど。

9 As a favor to me, you should make the presentation.

僕に代わって、君がプレゼンテーションをやってくれないかなあ。

as a favor to ...「…のために一肌脱いで、…に対する好意で」

10 If no one objects, the party theme will be a Hawaiian feast.

誰の反対もなければ、パーティーの主題はハワイ風饗宴としよう。

feast「ごちそう、饗宴」

第2章 クリエイティブ・スピーキング

2 相手に対して同意や賛同を示す

1 That's my idea, too. Everyone should bring a dish.

僕もそう思っている。みんなが料理を持ち寄ればいいんだ。

---

dish「料理」

2 Nobody disagrees that student discounts are very popular.

学生割引がとても人気があることには、誰にも異論はないよ。

---

disagree「反対する、同意しない」

3 If you want to pick the music, I say that's fine.

君が音楽を選びたいのであれば、それはそれでいいよ。

---

pick「選ぶ」

4 You've got it exactly right. You should see Dr. Miller.

君の言うことはまったく正しい。ミラー先生に診てもらいなさい。

---

exactly「まったく、正確に」

5 You said it! Shopping during these sales is no fun.

そうだよ。このセール期間中のショッピングはつまらないよ。

---

no fun「つまらないこと」⇒ fun は不可算名詞。

6 Me, neither. It's all I can do to pay my monthly rent.

私もそうなの。毎月の家賃を払っていくので精一杯よ。

Me, neither.「私も…ではない」⇒否定に同意する表現。

7 Go for it, and if they reject your application, nothing's lost.

そうしなさいよ。応募が蹴られたって失うものはないでしょ。

Go for it.「頑張れ、やってみなさいよ」　　reject「拒否する、断る」
application「応募」
⇒この文でのif は「もし…だとしても」という意味。

8 What a great idea! I didn't feel like cooking, anyway.

すごいアイデアね。どっちみち私も料理をする気なんてなかったし。

feel like ...ing「…したい気がする」

9 You bet. Taking the train saves on parking, too.

確かに。電車で行けば駐車する時間も省けるね。

10 If the car's that cheap, you'd be crazy not to buy it.

その車がそんなに安いのなら、買わないわけにはいかないでしょ。

3 第三者に対して同意や賛同を示す

1 Karen was right. This is the fastest road to the beach.

カレンの言うとおりだったよ。この道が海岸へはいちばんの近道だ。

2 I'm convinced Mike does know how to throw a great party.

マイクはすごいパーティーを開催できるよ、きっと。

---

be convinced「納得する」⇒ convince は「納得させる」という意味なので、「納得する」と言う場合は受け身になる。
throw a party「パーティーを催す」
⇒ does know は強調する表現。

3 I'm with Beth. Stopping for lunch now is a bad idea.

ベスの言うとおりだ。昼食のために今中断するのはよくないよ。

4 Listen to Bill. More ads will increase sales.

ビルの言うことを聞こうよ。広告を増やせば売り上げが伸びるよ。

---

ads「広告」⇒ advertisements の略形。　　increase「増やす」

5 Your father was right when he told me to buy a cheap used car.

君のお父さんが僕に安い中古車を買うようにおっしゃったのは正解だったよ。

CD 1-44

6 I agree with Alice. We've got to change shippers.

アリスに賛成よ。配送業者を変えたほうがいいわね。

have got to ... 「…しなければならない、…したほうがよい」

7 Danny has my full support for arranging the layout his way.

ダニーの方法でレイアウトを変えるという案に、私は全面的に賛成します。

8 I agree with Marsha. TV advertising is worth the cost.

マーシャに賛成です。テレビコマーシャルは経費をかける価値があると思います。

be worth the cost 「経費をかける価値がある」

9 Let's go with Janice's idea of cutting prices on the inventory.

在庫商品を値下げするというジャニスの考えを採用しよう。

cut a price 「値下げする」　　inventory 「在庫品、在庫」

10 If Alan wants to be the team captain, I say let him.

アランがチームのキャプテンになりたいのなら、僕は同意するよ。

第2章 クリエイティブ・スピーキング

Unit 5 許可を表す表現

1 相手に対して許可を示す

1 You can take these leftover sandwiches home with you.

この残ったサンドイッチを家に持って帰ってもいいですよ。

leftover「残り物の」⇒名詞で「残り物」という意味もある。

2 Changing from monthly to annual membership is a great idea.

月会員から年会員に変更するのはとてもいい考えだと思います。

annual「年の、年に1回の」

3 Go right ahead. Nobody's using the chair.

どうぞ。その席はどなたも使っていませんから。

4 Your bank loan will surely be approved.

お客様の銀行ローンは確実に承認されます。

approve「承認する」

5 The facts are absolutely right. We've run the article on Page 3.

それはまったく事実です。3ページ目に記事を載せました。

absolutely「まったく、完全に、確実に」　　run「(記事を)掲載する」

6 I think it's fine if you use Room 289 for the press conference.

289号室を記者会見に使ってもかまわないと思いますよ。

---

press conference「記者会見」

7 It's settled then. We'll offer Mark the job first.

ではそうしましょう。マークにまずその仕事を頼みましょう。

---

settle「解決する」

8 We have no choice. We should keep Pritchard as our supplier.

選択の余地がありませんよ。プリチャード社を納入業者として残しておくべきです。

---

supplier「納入業者、仕入先」⇒ supply（提供する）の名詞形。

9 We've always been completely satisfied with Air Pacific.

パシフィック航空には十分に満足していますよ。

---

be satisfied with ...「…に満足する」

10 Sure. Staying near the airport makes sense.

もちろん。空港の近くに泊まるのは道理だね。

2 同情や後悔を表す

1 I'm terribly sorry to hear it.　Everyone will miss you.
それを聞いて非常に残念です。みんな寂しがるでしょう。

---

terribly「非常に」
miss ...「…がいなくて寂しく思う」

2 That's a shame that Saveway is closing.
セーブウェイが閉店だなんて残念ね。

---

shame「残念、残念なこと」

3 That's too bad.　It was the perfect apartment.
それは大変だ。完璧なアパートだったのに。

4 What a pity!　It was a very well-behaved dog.
かわいそうに。とてもしつけのよかったワンちゃんでしたのに。

---

pity「同情すべきこと、悲しみ」
well-behaved「しつけのよい」
⇒ behaved は behave「ふるまう、行儀よくする」の過去分詞。

5 That's terrible.　I was all set to give my speech today.
残念。今日のスピーチは準備万端だったのに。

---

all set to ...「…する準備が整って」

6 I can't believe I missed the flight. It's the last one today.

飛行機に乗り遅れたなんて。今日の最終便だったのに。

7 It was our mistake, so we'll reship your order at no cost.

私どものミスですので、こちらの費用で再発送させていただきます。

---

reship「再発送する」
at no cost「費用なしで」

8 It's sad that Joe lost the election by just three votes.

ジョーが3票差で選挙に落選したなんて悲しいね。

---

election「選挙」
vote「票」
by「…だけ、…の差で」⇒「程度・差異」を表す。

9 Too bad for Brenda! It was her favorite coffee mug.

ブレンダに申し訳ない。これはあの子のお気に入りのコーヒーマグだったんだ。

---

favorite「お気に入りの」

Unit 6 拒絶を表す表現

1 やんわりとした拒絶を表す

1 Really, I'd love to eat with you if I had the time.
本当に、時間があればあなたとお食事がしたいのですが。

⇒ time に the がついているのは、「食事する時間」のことを指しているから。

2 Thanks for offering me a ride, but it's a lovely day for a walk.
車のお申し出はうれしいけど、すてきなお散歩日和だから。

ride「車で送ること、車に乗せること」

3 Skiing would be nice, but I have to work.
スキーはすてきだと思うけど、私は仕事があるの。

4 No, I'm drinking soft drinks because I'm driving tonight.
いいえ、ソフトドリンクにします。今夜は車ですので。

⇒ I'm driving は未来だが、I'm drinking のほうは現在進行形とも考えられる。

5 Dancing sounds inviting, but I need to get to bed early.
ダンスはおもしろそうだけど、早く寝なくちゃならないの。

inviting「魅力的な、…したい気にさせる」

6 I'm afraid I have to decline your invitation to your party.

悪いけど、あなたのパーティーのお誘いは受けられないわ。

decline「断る」⇒ reject よりも弱い拒否を表す。

7 I'm sure it's a great show, but I have no time.

きっとすばらしいショーだと思うけど、時間がないんだ。

8 I'm sorry. I've decided not to take your job offer.

すみません。御社からのお仕事はお引き受けしないことに決めましたので。

decide not to ...「…しないことに決める」
⇒下の「ワンポイント・アドバイス」参照。

9 Another time. I'm not in the mood for pizza.

また今度ね。今はピザを食べる気分ではないの。

⇒ Another time. は誘いを断るときの便利な表現。

●ワンポイント・アドバイス

不定詞の否定形
　不定詞を打ち消す場合は、8番のように、動詞ではなく不定詞の前に not をつけて表します。

2 強い拒絶を表す

1 Sorry. I have absolutely no interest in camping.
ごめん。キャンプになんか何の興味もないんだ。

---

absolutely「まったく、全然」
⇒ have no interest のように名詞に no をつけるだけで強い否定を表すが、それに absolutely をつけてもっと強調している。

2 No way! I worked the last holiday.
ダメですよ。このあいだの休みにも働いたんですよ。

No way!「とんでもない」⇒相手の言うことを強く否定する典型的な表現。

3 It's impossible. I can't even finish my own work.
不可能です。自分の仕事も終わりそうにないんです。

---

even「…でさえ、すら」⇒強調の意味を表す副詞。my own work の own との組み合わせで、拒絶の意味を強めている。

4 Not me. I'm not going out in this rain.
僕はダメだよ。こんな雨の中を出かけたりしないよ。

5 Certainly not. Singing in front of people frightens me.
とんでもないです。人の前で歌うのが怖いんです。

---

certainly「確かに、本当に」
frighten「怖がらせる」⇒名詞形は fright で、「恐怖」という意味。

CD 2-03

6 We're not supposed to have dyed hair at my job.

私の仕事では髪を染めてはいけないことになっているの。

---

be supposed to ...「…することになっている」
⇒否定形で「…してはいけないことになっている」という意味になる。
dyed「染めた」⇒動詞形は dye である。

7 Absolutely not! I never support the Rockets no matter what.

もってのほか。何が何でもロケッツなんかは応援しないね。

---

no matter what「たとえ何があろうとも」
⇒ふつうは、what のあとに happens とか you say のような語や語句を続けて使う。

8 Please don't. I can't stand being around smokers.

止めてくれませんか。そばでタバコを吸われるのには耐えられないんです。

---

stand「我慢する」

9 Give it to somebody else. I never drink whiskey.

ほかの人にあげてください。私はウィスキーを飲みませんので。

---

whiskey「ウィスキー」
⇒アメリカでは、国産のバーボンウィスキーは whiskey とつづり、スコッチウィスキーやカナダウィスキーなどは whisky とつづることが多い。

第2章 クリエイティブ・スピーキング

Unit 7 要求や依頼を表す表現

1 要求したり依頼したりする

1 Give me a different room. That room's way too noisy.

部屋を替えてください。あの部屋はうるさすぎます。

---

way too ...「…すぎる」⇒ way は強意の副詞。much で言い換えることもできる。

2 Now that you mention it, I'd like a bigger desk.

そう言われてみると、もっと大きい机がほしいなあ。

---

now that you mention it「そう言えば、そう言われてみると」
⇒ now that は「…なので」という意味。

3 The dress is formal. You'll need a tuxedo.

フォーマルなのよ。タキシードが要るわよ。

4 Have your report ready on my desk by 5:00 sharp.

5時ちょうどまでに報告書を私の机に置いておきなさい。

---

sharp「…(時)きっかりに」

5 I would prefer you didn't schedule me to speak last.

私が最後にスピーチをしなくても済むようにお願いしますよ。

⇒仮定法の表現なので、didn't と過去形になっている。

6 A window seat would be great if you have one.

できたら窓側の席にしてください。

7 I'm from upstairs. The music is awfully loud.

上の階の者ですけど、音楽がうるさすぎますよ。

---

upstairs「上の階の、上の階へ」⇒ upstairs は必ず複数形で使う。from upstairs は「上の階から」という意味。from のあとには、名詞や代名詞のほかにこうした副詞や前置詞句が続くことも多い。
awfully「おそろしく、非常に」

8 I insist you start making your own lunches.

自分のお昼ごはんは自分で作るようにしてくださいね。

---

insist「主張する」

9 We demand extra pay for working overtime.

残業代をきっちりと払ってください。

---

demand「主張する」
work overtime「残業する」⇒ overtime は副詞。

●ワンポイント・アドバイス

主張・依頼・要求・命令などを表す動詞に続く that 節

　8番の insist のように主張を表す動詞のあとに続く that 節の中では、「仮定法現在」と言って、動詞は主語が何であっても原形になります。つまり、主語が3人称単数であっても動詞は原形です。イギリス用法では＜ should ＋動詞の原形＞にすることもあります。

2 弁解したり懇願したりする

1 I need help getting ready to move to my new apartment.
新しいアパートに引っ越す準備の手伝いがほしいのだけど。

2 Carrying those boxes would be a great favor for me.
そこの箱を運んでくださるととても助かるんですけど。

3 It would be very kind of you to drive me to the station.
駅まで乗せてってってくれると助かるなあ。

⇒ It is ... for ～ to の構文だが、形容詞が kind のように人の性格や性質を表す場合には for ～ではなく of ～になる。

4 What we need is a small donation from everyone here.
ここにいらっしゃる皆さんからのちょっとした寄付が必要なのです。

donation「寄付」

5 I can't pay back the money without a loan extension.
支払いを延ばしていただきませんと、お金の返済は無理です。

pay back「返済する」　loan extension「返済の延長」

6 As a personal favor, please go wash my car.

個人的なお願いなんだけど、私の車を洗ってくれない？

---

go wash the car「車を洗いに行く」
⇒ go wash のように動詞が重なることに注意。「…しに来る」という場合も、come のあとに動詞の原形がくる。
【例】Please come see me.「会いに来てください」

7 No, it's not my fault. They made a mistake.

僕のせいじゃありません。先方が間違ったんです。

---

fault「過失、責任」

8 It was because my car engine died on the middle of the highway.

それは道路の真ん中で私の車のエンジンが止まってしまったからなの。

---

highway「道路、自動車道」
⇒「高速道路」という意味合いはないので注意。「高速道路」には express way を使う。また、アメリカの freeway の free は「無料の」という意味。

9 That's not what I meant. I just wanted you to come home early.

そんなつもりで言ったんじゃないの。あなたに早く帰ってきてほしかっただけ。

---

mean「意味する、…のつもりで言う、本気で言う」
【例】I mean it.「本気よ、私」

Unit 8 警告を表す表現

1 弱い警告を表す

1 Don't have another drink, or you'll get sick.
これ以上飲まないで。病気になるわよ。

sick「病気の」
⇒この文の場合は「気持ちが悪い」というくらいの意味合いだとも言える。

2 I'd advise against eating it. It's their spiciest dish.
それは食べないほうがいいと思うな。ここでいちばん辛い料理だから。

advise against ...「…しないように忠告する」
⇒ advise のあとに代名詞を続けることもある。

3 I don't recommend swimming when the water's so cold.
水が冷たいときは泳がないほうがいいと思うよ。

4 I wouldn't go there. It's a really smoky bar.
僕だったら行かないな。ほんとにタバコの煙だらけのバーだよ。

5 It's a bad idea to look for parking downtown on Sunday afternoon.
日曜日の午後に中心街で駐車場を探すなんて考えが甘いよ。

downtown「中心街で」⇒副詞なので前置詞はつけない。

6 Take the earlier flight. Connections need an hour there.

早めの便に乗りなさい。向こうで乗り継ぎに1時間かかるから。

connection「乗り継ぎ」

7 You're still growing, so you need a loose-fitting uniform.

まだまだ大きくなるんだから、あなたにはゆったりめの制服が必要よ。

8 That doesn't suit you. You looked better in green.

それは君には合わないよ。緑色のほうがもっといいよ。

in green「緑色の衣服を着ると」
⇒ You looked と過去形になっているのは、「以前に緑色を着たときは似合っていたから」という意味合いで、緑色を勧めるのは根拠があって言っているというニュアンスになっている。

9 If you drive all day by yourself, it'll wear you out.

1人で一日中運転していると、くたくたになってしまうよ。

wear「疲れさせる」
⇒ out は「完全に」を表す副詞。「疲れ果てる」という意味のときは受け身形を使って be worn out と言う。

2 強い警告を表す

1 Those two medicines mustn't be taken together.

その2つの薬をいっしょに飲んではいけません。

---
mustn't ⇒発音に注意。

2 You'd better not go out without an umbrella. The sky's getting dark.

傘なしで出かけないほうがいいよ。空が暗くなってきているから。

---
had better not「…しないほうがよい」
⇒日本語では弱い警告に思えるが、英語のニュアンスは「あとで大変な目にあうよ」という強い警告を表す。should not のほうが言わば弱い警告になる。

3 Buying a resort apartment is too risky. You'll never sell it.

リゾートマンションを買うなんてリスクが大きすぎるよ。絶対売れないよ。

4 Cool off, or you'll get in trouble talking with the boss.

頭を冷やしておかないと、上司と話がこじれるよ。

5 Never light a cigarette while you're gassing up the car.

車に給油しているあいだは、絶対にタバコに火をつけないで。

---
gas up「ガソリンを補給する」⇒ refill the tank も同じ意味でよく使われる。

6 Don't be crazy and pay that much for a painting!

絵画にそんなにお金を払うなんてどうかしているよ。

that much「そんなにたくさん」⇒ that は「そんなに」という意味の副詞。

7 Stop! You can't wash that silk blouse by machine.

ちょっと！　そのシルクのブラウスを洗濯機で洗っちゃだめ。

8 Parking the car at the corner would never be allowed, you know.

交差点に車を駐車するなんて許されるわけがないでしょ！

you know「ね、ほら、でしょ」
⇒主に文尾につけて、相手に同意や理解を求める。文頭につけることもある。その場合はこれから話すことに注意を求める意味合いになる。

●ワンポイント・アドバイス

had better の意味と用法

　had better は「…したほうがよい」という意味で、助動詞のように、あとには動詞の原形が続きます。2番のように主語と had は短縮形になることが多いようです。日本語では「…したほうがよい」となるため、そんなに強い警告に思えませんが、英語では「…しなければあとで後悔するよ」というニュアンスで、強い警告を表します。

　また、had better の否定形は、あとに not をつけるだけです。つまり not で動詞の原形を打ち消します。had に not をつけるのではないので注意しましょう。

Unit 9 予定や可能性を表す表現

1 可能性を表す

1 Maybe we can see the whole flower show in two hours.

たぶん2時間でフラワーショーを全部見られるよ。

---

2 The Hawks are down by only a basket. They could still win.

ホークスは2点差で負けているだけだよ。まだ勝てるよ。

---

down by a basket「2点差で負けて」⇒バスケットボールの表現。

---

3 Your photo has a chance of winning the competition.

あなたの写真はコンテストで賞を取るチャンスがあるわよ。

---

4 Don't get panicky. We still might win the contract.

パニックにならないで。まだ契約を取れるかもしれないから。

---

get panicky「パニックに陥る」　　win the contract「契約を勝ち取る」

---

5 It's possible. You could be the candidate they want.

可能性はあるよ。君は向こうが求める候補者になれるよ、きっと。

6 With two of us, we just might finish all the work by the end of today.

僕ら2人だったら、今日の終わりまでにこの仕事は全部終わるかも。

---

just might「まあ…かも」
⇒just が might の前にあるが、we might just finish と意味はあまり変わらない。might は may よりも弱い「推測や可能性」を表すとされるが、may も might も差はそれほどないと言ってもよい。

---

7 The temperature's falling, so it might possibly snow.

気温が下がってきているわ。雪になるかも。

---

temperature「気温、温度」
possibly「たぶん、おそらく」

---

8 We've got 300 dollars. It might get us through.

300ドルあるよ。なんとか乗り越えられるよ。

---

get someone through「…を乗り越えさせる」

---

9 Perhaps this store has the DVD. Let's check it out.

たぶんこの店にはそのDVDがあるよ。チェックしてみよう。

---

check it out「調べる、確認する」

2 希望や願望を表す

1 I'd really like an extra hour of sleep each night.

毎晩、あと1時間は寝る時間がほしいよ、ほんとに。

---
extra「追加の」⇒ここでは「余分な」という意味ではない。

2 I wish I lived in Los Angeles. It's warmer than here.

ロサンゼルスに住みたいなあ。ここより暖かいし。

---
warm「暖かい」⇒ここでは心地よい暖かさを表しているが、warm は「暑い、むし暑い」という意味で使われることも多い。日本の夏の暑さはどちらかと言うと、hot よりも warm である。

3 I've always wanted to go skydiving, too.

私もスカイダイビングがしてみたいって、ずっと思っているの。

⇒現在完了形に注目。過去からの思いが今も続いていることを表している。

4 Watching the sun go down over the Pacific Ocean would be really nice.

太平洋に沈む夕日を眺めるのってすてきだろうな。

⇒the sun のあとに go down と動詞の原形が続いていることに注意。watch が知覚動詞だからである。＜知覚動詞＋目的語＋動詞の原形＞で「…が〜するのを—する」という意味を表す。

5 I wish I were taller. I'm the shortest in my class.

もっと背が高かったらなあ。僕がクラスでいちばん背が低いんだよ。

6 I'd love to work as a television news reporter.

テレビのニュースリポーターとして働きたいと思っています。

7 My dream is to start my own company one day.

いつか自分の会社を持ちたいというのが私の夢です。

---

one day「いつか、そのうち」⇒ some day もほぼ同意。

8 A weekend on the beach. Hopefully, I can next month.

ビーチで週末をという希望が、なんとか来月かないそうです。

---

hopefully「願わくば、うまくいけば」
⇒この文には動詞がないことに注目しよう。相手に言われた前の文を受けて言っているためである。can のあとに go there などが省略されていると考えられる。

9 I'm planning to drive down south with my wife.

妻と南に車で旅行しようと計画しているんです。

---

down south「南へ」
⇒「北へ」は up north、「東へ」は back east、「西へ」は out west と言う。south に down が付き、north に up が付くのは地図の形態から来ている。west に out が付いて east に back が付くのは、アメリカの歴史から来ている。東海岸から西に向かって開拓が進んでいったので、west には「外へ」を表す out を付け、east には「戻る」を表す back を付ける。

Unit 10 仮定を表す表現

1 現在の事実と反する仮定を述べる ── 仮定法過去

現在の事実とは反対のことを仮定したり、現在や未来の非常に弱い可能性を表したりする場合の表現です。「過去」というのは、if 節の動詞や主節の助動詞が過去形になるためです。

特に be 動詞は if I were you とか if he were alive のように were が使われます。口語では was が使われることもあります。

---

1 Your father would enjoy the wedding if he were alive.

お父様が生きていらっしゃったら、結婚式を喜ばれたでしょうに。

alive「生きて」⇒ live の形容詞形。

---

2 We could go skiing if there were more snow on the mountains.

山にもっと雪があれば、スキーに行けるんだけど。

---

3 If we had a pool, we could invite friends over for a poolside dinner.

プールがあれば、友だちをプールサイドディナーに呼べるんだけど。

---

4 If they played jazz, it would draw in people at the bar.

ジャズを演奏すれば、そのバーにはもっと人が集まるのに。

draw in people「人を呼び込む」

5 This room would look bigger if it were white.

壁が白ければ、この部屋はもっと大きく見えるんだけどね。

6 If we all had the concert tickets, we could go together.

そのコンサートチケットをみんなが持っていれば、いっしょに行けるのにね。

7 I could make really good charts if I understood the software.

もし私にそのソフトが使えれば、本当にいいチャートを作れるんですけど。

8 Imagine everyone came. The hall would be way too crowded.

みんなが来たと想定すると、ホールは混雑しすぎるよ。

---

imagine ...「…だとすると」
way too ...「はるかに…すぎて」⇒ way は too を強調する副詞。

9 In the event the room filled with smoke, an alarm would go off.

部屋が煙で充満すると、アラームが鳴り出します。

---

in the event ...「…ということになると」
go off「突然鳴り出す」

2 過去の事実と反する仮定を述べる —— 仮定法過去完了

「仮定法過去完了」は過去の事実とは反対のことを仮定して言う表現です。条件節（if やそれに相当する表現に導かれる節）の動詞が過去完了になり、主節は＜助動詞の過去形＋ have ＋過去分詞＞の形になります。

会話では、以下に掲げた文のように短縮形が使われることがほとんどです。would've や could've の発音をよく聞いて慣れましょう。

1 Say we'd flown on the 16th, the storm would've caught us.
16 日に飛行機に乗ってたら、嵐に巻き込まれていたよ。

2 If you'd combed your hair, your photo would've been better.
髪にくしを通していれば、写真はもっとよくできていたのに。

comb one's hair「髪にくしを通す」

3 If I'd sold my shares at that time, they'd have brought me $1,200.
あのとき株を売っていたら、1,200 ドル儲かっていたんだけど。

4 If you'd bought the expensive suit, you wouldn't have had money for shoes.
高いスーツを買っていたら、靴を買う金が残っていなかったね。

expensive「値段が高い」

5 Had I known you were in town, we could've met for lunch.

あなたが町にいるって知っていれば、お昼を一緒にできたのに。

be in town「町にいる、帰ってきている」⇒ town には冠詞がつかない。

6 If you'd asked her, Janet could have done the copying.

ジャネットに頼めば、彼女がコピーを取ってくれたのに。

7 Had the meeting continued, we could've decided the schedule.

会議が続いていれば、スケジュールを決められたんだが。

8 If the article had been run, we would've gotten complaints.

その記事が載っていれば、われわれはクレームを受けるところだったな。

run「掲載する」　complaint「クレーム、苦情」⇒ complain の名詞形。

9 Had I seen the fax, I never would've rushed to the airport.

そのファックスを見ていれば、急いで空港に行くことはなかったんだ。

3 過去の事実を基に現在の仮定を述べる ── 仮定法過去完了

ここでの表現は、132-133ページとは少しニュアンスが違います。過去の事実を基にして現在のことを仮定して述べる表現です。「あんなことがなければ今頃は…」というニュアンスを表す表現で、実際の会話ではよく使いますので、構文をマスターしておきましょう。

基本形は、＜If＋過去完了、助動詞の過去形＋動詞の原形＞となります。

---

1 If we'd bought a house back in '85, it'd be already paid off by now.

85年に家を買っていれば、今ごろはローンも払い終わっているんだけど。

---

pay off「償還する、払い戻す」　　by now「今ごろまでには」

2 Had we kept Henderson, we wouldn't be interviewing like this.

ヘンダーソンを辞めさせなければ、こんな面接はしていないんだが。

---

3 Job-hunting would be easier if I had gone to a better school.

もっといい学校に行っていれば、仕事探しももっと簡単なのに。

---

4 If you'd paid your bill, the phone would still be working.

電話代を払っていれば、今でも使えたのに。

5 Had we driven in, we'd be in the traffic jam.

車で来ていれば、渋滞につかまっていたね。

traffic jam「交通渋滞」
⇒ driven in のように in が使われているのは、街中に車で入ってきていればという意味合いであるため。

6 If my son hadn't been killed in that accident, he could be a doctor now.

息子があの事故で死ななければ、今頃は医者になっていただろう。

be killed「(事故などで)死ぬ」⇒交通事故や戦争などで死ぬことを表す場合は、die よりも be killed のほうがよく使われる。

7 If we'd brought a camera, this would be the perfect shot.

カメラを持ってきていれば、いいショットが撮れたんだが。

8 The drive would be pleasant if it hadn't snowed.

雪さえ降らなければ、ドライブはもっと快適だったのに。

pleasant「快適な、気持ちのよい」

9 Had you stayed with the firm, we would've been working together.

君が会社に残っていれば、いっしょに働いていただろうね。

stay with ...「…に残る」

4 仮定や条件を表すいろいろな表現

仮定や条件を表す if に代わるいろいろな表現とその使い方です。実際、こうした表現は日常の会話の中ではよく使われますし、if ばかり使っているよりも表現に変化を持たせることができます。

1 Suppose we miss the flight, what will we do?

もし飛行機に乗り遅れたらどうする？

⇒後半の what will we do を省略した Suppose we miss the flight? だけでも、「飛行機に乗り遅れたらどうする？」という意味を表す。

2 Unless it turns hot, the pool won't be very busy.

暑くならない限り、プールは忙しくなりませんよ。

unless「もし…でなければ、…しない限り」
⇒ if not と同じ意味。not の意味が含まれるので注意。うっかり unless ... not としてしまう間違いを犯しやすい。

3 Providing you pay with a debit card, you get a four percent discount.

デビットカードでお支払いいただきますと、4パーセントの割引になります。

providing ...「もし…ならば」 ⇒ if と同じ意味だが、やや強調する意味合い。可能性のない仮定の内容の場合には使えない。

4 The stadium will be packed this afternoon, provided it doesn't rain.

雨が降らなければ、スタジアムは午後にはいっぱいになるだろう。

provided ...「もし…ならば」 ⇒ if と同じ意味で、上の providing とも同じ意味だが、providing のほうがより口語的である。

5 As long as you take an outdoor table, you can smoke.

外のテーブルでしたら、おタバコは大丈夫です。

as long as「…する限り」⇒似た表現に as far as がある。基本的には as long as は「時間の限度」を表し、as far as は「程度や範囲の限度」を表す。

6 Without your help, I couldn't have finished my work on time.

君が手伝ってくれなければ、仕事を時間どおりに終えられなかったよ。

without your help「あなたの手助けがなければ」

7 Pay your taxes on time. Otherwise, there's an additional penalty.

税金は期限内に納めてください。でないと、遅延金が発生します。

otherwise「さもないと」⇒命令文のあとで使うと、or と同じ意味になる。

8 Miss Johnson calls everyone "Honey" as if she knows them personally.

ジョンソン先生は個人的に知っているかのように、みんなを「ハニー」と呼ぶ。

9 She spoke as though she knew everything.

彼女は何でも知っているかのような口ぶりだったね。

Unit 11 頻度や程度を表す表現

1 頻度を表す副詞を使った表現

副詞は、上から頻度の高い順に並んでいます。

1 The restaurant always gets busy around 12:30.
そのレストランはいつも12時半には混んでくるよ。

2 The kids usually play videogames on rainy days.
子どもたちは雨の日はたいていテレビゲームをやっているね。

usually「ふだんは、たいていは」⇒この usually の語義として辞書に「いつもは」と載っていることがあるので、always と同じ意味だと誤解している人も多いが、always よりも頻度は少ない。

3 I often hear vendors driving around the neighborhood.
近所に行商の人が売りに来る声を頻繁に聞きます。

vendor「行商人」

4 The store is frequently out of bread in the evening.
その店は夕方にはよくパンが売り切れているのよ。

frequently「よく、頻繁に」

5 It's sometimes faster to go to the airport by bus.
空港にはバスで行くほうがときどき早いことがあるよ。

6 We occasionally invite people over for dinner.

夕食に人をお招きすることがたまにあります。

occasionally「ときどき、たまに」

7 Our kids seldom finish their homework before dinner.

わが家の子どもたちが夕食前に宿題を終わらせることはほとんどありません。

seldom「ほとんどない」⇒この seldom 以降の副詞は否定的な意味合いを持っているので、付加疑問文には not を付けない。
【例】You rarely cook at home, do you?
「家で料理するなんてほとんどないでしょ？」
＊形は肯定文だが意味は否定文なので、付加疑問文に not は付けない。

8 I rarely eat at fancy French restaurants.

すてきなフランス料理店で食事をするなんてめったにありません。

rarely「めったにない」

9 We scarcely see monkeys this close to the city.

街のこんな近くでサルを見るなんてほとんどないですね。

scarcely「ほとんど…ない」

10 People never swim this late in the season.

こんなシーズンの終わりに泳ぐ人なんてまずいません。

2 頻度を表す語句を使った表現

1 People mistake him for Tom Cruise all the time.
みんな彼のことをいつもトム・クルーズと間違えるんですよ。

all the time「いつも」⇒ always と同意。

2 The airport is quite busy most of the time.
その空港はほとんどいつも混んでいます。

most of the time「たいていは」⇒ usually とほぼ同じ。

3 More often than not, there's a line at that restaurant.
しばしばそのレストランには列ができています。

more often than not「よく、しばしば」⇒少なくとも半分以上の頻度を表す。

4 We hire babysitters from time to time.
わが家ではときどきベビーシッターを頼みます。

from time to time「時折」

5 On occasion, we cook outside on the grill.
ときどき、外のグリルで料理をします。

on occasion「ときどき」⇒ occasionally と同意。

6 Police officers come by on an irregular basis.
警察官が立ち寄ることがあります。

on an irregular basis「不規則に」⇒ sometimes よりも頻度は少ない。

7 Every now and then, I go to a movie alone.
たまに、1人で映画に行くことがあります。

every now and then「たまに、ときに」⇒ every を省略して使うこともある。

8 My family drives along the coast once in a while.
家族で海岸沿いをドライブすることもあります。

once in a while「たまに」⇒ every now and then とほぼ同意。

9 Once in a great while, strikes shut down trains.
めったにないことですが、ストで電車が止まることもあります。

once in a great while「まれに」⇒ great をつけて頻度の少なさを強調している。同じ意味を表す表現に once in a blue moon がある。

●ワンポイント・アドバイス

頻度を表すその他の表現
daily「毎日」　weekly「毎週」
biweekly「隔週の」⇒「週に2回」という意味もある。
monthly「月に1回」
bimonthly「2か月に1回」⇒「1か月に2回」という意味もある。
quarterly「年に4回、3か月に1回」
semiannually「半年に1回」⇒ biannually も同じ意味。
annually「年に1回、毎年恒例の」

3 程度や比較を表す表現

1 The weather was rather dry last year.
去年はいくらか雨の少ない天候でしたね。

rather「むしろ、いくらか、かなり」⇒状況によって度合いが変わってくるので、前後からニュアンスを感じ取る必要がある。

2 I was much too busy to have lunch today.
今日は昼ごはんも食べられないほど忙しかった。

much too ⇒ too を much が修飾している。語順を間違えないようにしよう。too much という表現があるため間違えやすい。

3 The guests were entirely satisfied with the buffet meal.
お客様はバイキングのお料理にすっかりご満足でしたよ。

entirely「完全に、まったく」

4 The audience was predominately middle-aged women.
聴衆は圧倒的に中年の女性でした。

audience「聴衆」⇒集合名詞で単数を表す。　predominately「圧倒的に」

5 That store sells Chinese foodstuffs exclusively.
その店では中国料理の材料を独占的に扱っています。

exclusively「独占的に、排他的に」

6 The neighbors are mostly happy with the new park.
近所の人たちは新しい公園にほぼ満足しています。

7 Prices are slightly higher here on the island.
この島では物価がいくらか高くなっています。

here on the island「この島では」⇒ here と on the island は同格を表している。

8 This store could potentially be the most successful one.
この店はいちばん売れる場所になる可能性があるんだよ。

potentially「潜在的に、可能性を秘めて」

9 That actor was enormously popular 20 years ago.
その俳優は20年前にはすごい人気だったよ。

enormously「非常に」

●ワンポイント・アドバイス

程度を表す副詞

完全に、絶対に	absolutely, completely, entirely
非常に	greatly, deeply
まあまあ、かなり	enough, rather
やや、わずかに	slightly, somewhat
ほとんど…ない	hardly, scarecely, rarely

Unit 12 否定を表す表現

1 部分否定

　all、every、completely など限定を表す語と not がいっしょに使われると「…するわけではない」という「部分否定」になります。

1　Not all these seats will sell out for the new movie.

その新作の映画では、全席が売れることはないだろうね。

2　I do not generally work after 8:00 like this.

ふだんこのように8時過ぎまで働くことはないんです。

3　Your chef ought to know the food here is not completely satisfying.

シェフにはここの料理があまり満足のいくものではないことを知ってもらったほうがいいな。

4　That painting is not all that modern, despite its amazing style.

その絵画はみごとに表現されているけど、それほど現代的ではないね。

5　Look around if you like, but our merchandise is not fully displayed.

よろしかったらご覧ください。でもまだ完全に商品を展示しているわけではないのです。

6 I want a refund. This sweater is not entirely made of wool.

返金をお願いします。このセーターは100パーセントウールじゃないですね。

---

wool「羊毛」⇒発音に注意。[ウール] のようには伸ばさない。

7 Sorry about your appointment, but I can't always remind you of your schedule.

アポについては申し訳なく思うけど、私がいつもあなたのスケジュールを指摘できるわけではないからね。

---

remind ... of ~「~のことを…に思い出させる」

8 Be careful! Not every one of these sunglasses are brand name ones.

気をつけてね。ここのサングラスの全部がブランド物というわけではないから。

9 That's funny. Your doorbell doesn't always ring when I press it.

おかしいね。君のところのドアベルは僕が押してもいつも鳴るとは限らないね。

発展学習 ここに出た「限定」を表す語のほかに、部分否定を表す語を自分でも調べておきましょう。

2 全体否定

completely のように「限定」を表す語といっしょに not が使われると「部分否定」になりますが、not ではなく、否定の意味合いを表すほかの語といっしょに使われると「全体否定」になります。

1 It's absolutely false that the bank will close that branch.
銀行がその支店を閉めるというのはまったくのデマです。

2 The reporter totally misunderstood the witness's statement.
その記者は目撃者の言ったことを完全に誤解してしまったんだね。

3 Many customers thoroughly disliked the new store layout.
客の多くは、その店の新しいレイアウトが全然気に入っていない。

4 We completely missed the art show, which closed yesterday.
私たちはそのアートショーを完全に見逃してしまいました。昨日で終わっていたんです。

5 I had entirely forgotten to videotape the awards show.
その授賞式をビデオに録画するのをすっかり忘れていたよ。

6 The airport crowding was not one bit better even after Terminal Two opened.

第2ターミナルがオープンしたあとでも、その空港の混雑は少しも改善しなかった。

7 I haven't seen either movie I wanted to see this week.

今週は見たかった映画をどちらも見ていないわ。

8 They have visited neither New York nor Washington.

彼らはニューヨークもワシントンにも行ったことがないよ。

9 There's not even a drop of wine left for us to drink.

ワインは一滴も残っていなかったよ。

●ワンポイント・アドバイス

全体否定や部分否定で使われる表現
altogether「まったく」
wholly「すっかり」
not ... at all「まったく…ではない」
not ... either「どちらも…ではない」
necessarily「必然的に、必ず」
generally「たいていは」

3 二重否定

否定を表す語と not をあわせて使うと「…でないことはない」のように「二重否定」を表し、意味的には肯定を表します。

---

1 We could see snow is not unusual on the mountains, even in summer.

その山に雪を見るのは珍しいことではないよ、夏だってね。

---

2 New York is never lacking excitement every night of the year.

ニューヨークは一年中、夜の興奮が途切れることがない。

---

3 It did surprise me that cell phones on buses are not against the rules there.

そこではバスで携帯電話を使ってもかまわないって知ってびっくりしたよ。

---

4 The players were none the worse after the game ended.

試合が終わったあとも、選手たちは平気な顔をしていました。

---

5 Finding the hotel was not without difficulty and took a long time.

ホテル探しは難なくとはいかず、ずいぶん時間がかかりました。

6 His proposal was opposed by no one at the meeting.

彼の提案は会議で誰にも反対されませんでした。

7 Rude waiters are not unexpected in such cheap restaurants.

そんな安いレストランなら、無愛想なウェイターは意外ではないさ。

8 I never miss a chance to try a new wine when I'm shopping.

ショッピングに行くと、新しいワインを試す機会を逃すことはありません。

9 Diving is not restricted in the deep end of the pool.

プールの端の深いところでは、飛び込みは禁止されていないよ。

●ワンポイント・アドバイス

I don't know nothing.

アメリカ映画などでI don't know nothing. という表現を聞くことがあります。これは、文法的にはI don't know anything. と言うべきところですが、ただ「知らない」というよりも「知らないんだよ、ほんとに」という強調を表しているとも言えます。

4 否定を表す慣用表現

1 This pizza is by no means the best pizza in town.
このピザは決して町いちばんの味とは言えないね。

---
by no means「決して…ではない」
⇒似た表現に by all means がある。これは「ぜひとも、よろしいですよ」と承諾の意味を表す。

2 You have no business making personal calls at work.
君には会社で私用電話をかける権利はないよ。

---
no business ...ing「…する権利はない、…する筋合いではない」

3 Here. I have no use for this cart. I'm not buying anything.
どうぞ。このカートは使いません。何も買いませんので。

---
have no use for ...「…の必要がない」
⇒ for のあとに人を表す語を続けると、「…には我慢がならない、…は大嫌いだ」という意味になる。

4 I will not on my life put on that tiny swimsuit.
そんな小さな水着はぜったい着ませんからね。

---
tiny「小さな」⇒ small よりも小さい意味合い。

5 I'm in no way able to buy a diamond ring like that one.
あんなダイヤモンドの指輪を買うなんて絶対に無理です。

6 On no account answer the office telephone, even if it rings.

電話が鳴っても、会社の電話には絶対に出ないこと。

on no account「決して…しない」

7 You think the merger makes us celebrate, but it's nothing of the kind.

合併は大歓迎だって思うだろうけど、決してそうではないんだ。

nothing of the kind「決してそんなものではない」

8 The food they served was nothing to speak of.

出た料理は取り立てて言うほどのものではなかったよ。

nothing to speak of「取り立てて言うほどのものでもない」

9 She is not the best singer here by a long shot.

彼女は、ここでは決していちばんの歌い手というわけではない。

by a long shot「決して…ではない」

●ワンポイント・アドバイス

否定を表すその他の表現
Who knows?「誰が知るもんか」
far from ...ing「…するどころではない」
fail to ...「…しそこなう、…できない」
the last ... to 〜「最も〜しそうにない…」

第2章　理解度チェックテスト

状況判断チェック

会話を聞いて、その会話が行われている場所や話題を判断するチェックテストをやってみましょう。ここでは、CDに日本語は収録されていません。

(1) 場所はどこでしょう？　　CD 2-22

会話を8つ読みます。それぞれの会話が行われている場所をⒶ～Ⓒの中から選んで、記号を○で囲みましょう。

1. Ⓐ バス停　　　　　　Ⓑ 切符売り場　　　　Ⓒ 電車の中
2. Ⓐ キッチン　　　　　Ⓑ スーパーマーケット　Ⓒ パン屋
3. Ⓐ 搭乗ゲート　　　　Ⓑ レンタカー店　　　Ⓒ レストラン
4. Ⓐ 不動産屋　　　　　Ⓑ ホテル　　　　　　Ⓒ 家具店
5. Ⓐ 公園　　　　　　　Ⓑ 歩道　　　　　　　Ⓒ 車の中
6. Ⓐ ケーキ屋　　　　　Ⓑ 靴屋　　　　　　　Ⓒ 書店
7. Ⓐ 観客席　　　　　　Ⓑ チケット売り場　　Ⓒ 駅
8. Ⓐ コインランドリー　Ⓑ 美容院　　　　　　Ⓒ 喫茶店

(2) 話題は何でしょう？　　CD 2-23

会話を8つ読みます。今度は、それぞれの会話の内容を答えます。大まかな内容をⒶ～Ⓒの中から選んで、記号を○で囲みましょう。

1. Ⓐ ガソリンスタンドでの支払い　Ⓑ 空気入れの購入
   Ⓒ 賞金の受け取り
2. Ⓐ 税関での検査　　　　　　　　Ⓑ レンタル用品の補償
   Ⓒ 荷物の積み込み
3. Ⓐ 旅行の申し込み方法　　　　　Ⓑ チケットの受け取り
   Ⓒ 翌日の到着時間
4. Ⓐ 新入社員　　　　　　　　　　Ⓑ 同僚の解雇
   Ⓒ 上司

5. Ⓐ 列車の遅れ　　　　　Ⓑ 目的地の変更
   Ⓒ 乗車券の購入
6. Ⓐ 従業員の募集　　　　Ⓑ 注文した料理の遅れ
   Ⓒ 注文方法の説明
7. Ⓐ 電気製品の購入　　　Ⓑ 自動車のレンタル
   Ⓒ ファッションモデル
8. Ⓐ 銀行での必要な窓口　Ⓑ ガラスの枚数
   Ⓒ 評判の良い会計士

解答とスクリプト

(1) 場所はどこでしょう？　　　　　　　　　　　　CD 2-22

1. 答 Ⓒ 電車の中
   A : **Does this train stop at Stonewall?**
   B : **No, it doesn't go that far. You should take a bus from Grand Hill.**
   A : **Well, that's a lot of trouble.**
   A：この電車はストーンウォール駅にとまります？
   B：いいえ、そんな遠くには行きません。グランドヒル駅からバスをご利用になったほうがいいですよ。
   A：まあ、それは大変なことだわ。
   【解説】最初の this train から、電車の中での会話をイメージしよう。もちろん、駅のホームで列車を指さしながらという状況も考えられる。

2. 答 Ⓐ キッチン
   A : **What do I add next?**
   B : **The baking powder, then stir everything.**
   A : **I've let the butter warm up so it will mix well.**
   A：次に何を加えるの？
   B：ベーキングパウダーよ。そして、全部をかき回して。
   A：よく混ざるようにバターを温めておいたよ。
   【語注】stir「かき混ぜる」　let「…させる」
   【解説】add や baking powder、stir、butter、mix などの語句から、カッ

プルが台所で料理しているシーンを思い浮かべる。

3. 答 ⓒ レストラン
  A : **Two in non-smoking, please.**
  B : **I'm sorry, sir. You'll have to wait 15 minutes.**
  A : **That's quite all right. We can wait.**
  　　A：禁煙席を2名でお願いします。
  　　B：申し訳ありませんが、15分ほどお待ちいただきます。
  　　A：全然かまいません。待ちますよ。
  　　【解説】禁煙席を頼んで、待ち時間を提示されている状況である。

4. 答 ⓑ ホテル
  A : **I'd like to change my room, please.**
  B : **Certainly, ma'am. Do you want a different view?**
  A : **No, I'd like a harder bed.**
  　　A：部屋を変わりたいのですが。
  　　B：かしこまりました。外の景色がお気に召しませんか。
  　　A：いいえ、もっと堅いベッドにしたいのです。
  　　【語注】certainly「承知しました」　　view「景色」
  　　【解説】部屋の変更はどこに求めるか？　変更の理由もヒントになる。

5. 答 ⓒ 車の中
  A : **There's a parking space over there.**
  B : **Isn't it too small?**
  A : **Don't worry. I could park there.**
  　　A：あそこに駐車できる場所があるよ。
  　　B：狭すぎない？
  　　A：大丈夫。僕なら停められるさ。
  　　【語注】parking space「駐車スペース」⇒駐車場の中の1つのスペースを言う。
  　　　　　　「駐車場」全体は parking lot と言う。
  　　【解説】最初のセリフから「駐車場」を探していると判断しよう。

6. 答 ⓑ 靴屋
  A : **These fit me perfect. I'll buy them.**

B： **Shall I put them in a box?**
A： **No, I'll wear them. And, would you throw these old ones out?**

A：ぴったりですね。これをください。
B：箱にお入れしましょうか。
A：いいえ、履いて行きます。それと、この古いのを捨ててもらえますか。

【語注】throw ... out「…を捨てる」
【解説】買おうとしている物を使う動作を wear（着用する、かぶる、履く）で表現していることから考える。

7. 答 Ⓑ チケット売り場

A： **Two adult tickets for "Ask Me," please.**
B： **Sorry, that movie is sold out.**
A： **Don't you have any for the late show?**

A：『アスク・ミー』の券を大人2枚お願いします。
B：申し訳ありませんが、その映画は売り切れです。
A：遅い上映分のはありませんか。

【解説】... tickets for ..., please. や movie、sold out、late show などから、映画の鑑賞券を買う場面を思い浮かべよう。

8. 答 Ⓐ コインランドリー

A： **Are you done with the dryer?**
B： **I am if it's empty.**
A： **Oh, here's one sock left in here.**

A：乾燥機は使い終わりましたか。
B：中に何も入っていなければ、そうですけど。
A：あら、靴下が片方ここに残っていますよ。

【語注】done「終わった」　　dryer「乾燥機」
【解説】最初に乾燥機を使い終わったかどうかをたずねている。one sock left も手がかりになる。one sock は「靴下の片方」ということ。

(2) 話題は何でしょう？　　　　　　　　　　　　　　CD 2-23

1. 答 Ⓐ ガソリンスタンドでの支払い
   - A: **Which pump did you use to fill in the tank?**
   - B: **Number Five.**
   - A: **That'll be $14.75.**
     - A: どの給油機を使われましたか。
     - B: 5番です。
     - A: 14ドル75セントになります。
     - 【解説】使った給油機の番号を聞いて、その金額を告げている。

2. 答 Ⓒ 荷物の積み込み
   - A: **Can you put my suitcases in the trunk?**
   - B: **Sure. I'll open it up.**
   - A: **Be careful you don't scratch them.**
     - A: スーツケースをトランクに入れていただけます？
     - B: はい。今開けます。
     - A: 引っかき傷を付けないようにお願いしますよ。
     - 【語注】scratch「引っかく、傷つける」
     - 【解説】タクシーやバスへの乗車時に、スーツケースをトランクに入れてくれるよう運転手に頼んでいる。

3. 答 Ⓑ チケットの受け取り
   - A: **When will you have my tickets for Hawaii ready?**
   - B: **We'll send them out at the end of today.**
   - A: **OK. They should be arriving tomorrow, then.**
     - A: 私のハワイへの切符はいつ用意できますか。
     - B: 本日の業務終了時に発送いたします。
     - A: 分かりました。それでは、明日着くはずですね。
     - 【解説】have ... ready は「…を用意する」という意味。いつチケットの用意ができるかを問われ、発送予定日を答えている。

4. 答 Ⓒ 上司
   - A: **Who is your boss?**

B：It's Mrs. Wells. She's new.
　A：She was my section's boss last year.
　　　A：君の上司は誰なの？
　　　B：ウェルズ課長よ。今度来た人なの。
　　　A：彼女は去年僕の課の課長だったよ。
　　　【解説】女性の現在の上司は男性の以前の上司と同一人物である。

5.　答 ⓒ 乗車券の購入
　A：One to Portland, Oregon, please.
　B：That'll be 80 dollars. Go to Track Three.
　A：Will the train be leaving on schedule?
　　　A：オレゴン州のポートランドまで1枚お願いします。
　　　B：80ドルになります。3番線へ行ってください。
　　　A：列車は時刻どおりに出発しますか。
　　　【語注】Track ...「…番線」　　on schedule「予定通りに」
　　　【解説】男性は One to Portland, ... と言って「人数と行き先」を告げ、女性は「金額」を答えている。

6.　答 Ⓑ 注文した料理の遅れ
　A：Has anyone taken your order?
　B：A young waiter, but it was a long time ago.
　A：I'll see why it's taking so long.
　　　A：ご注文はお済みでしょうか。
　　　B：若いウェイターにお願いしたんだけど、ずいぶん前だよ。
　　　A：どうしてそんなに時間がかかっているのかお調べします。
　　　【解説】最初の女性の発言から、レストランをイメージしよう。it was a long time ago の it は「注文したこと」を指す。

7.　答 Ⓑ 自動車のレンタル
　A：I want something small, but with air-conditioning.
　B：We've rented all our smallest models. How about a Mostel?
　A：I've never heard of it. Who makes it?
　　　A：小さいのが欲しいんです。でもエアコン付きで。

第2章　クリエイティブ・スピーキング

B：いちばん小さいのはすべて貸し出し中です。モステルはいかがですか。
　　A：その名前は聞いたことがありませんね。メーカーはどこですか。
　【語注】rent「賃貸する」　　hear of ...「…のことを耳にする」
　【解説】男性が求めている something small には「エアコン付き」があり、We've rented ... より、それは賃貸するものである。Mostel は車種の名前。

8. 答 Ⓐ 銀行での必要な窓口
　A：I want to open an account.
　B：Then, go to Window Number 6.
　A：The far one? Good, it doesn't look busy.
　　A：口座を開きたいのですが。
　　B：それでしたら、6番窓口へいらしてください。
　　A：向こうの？　よかった。そんなに混んでなさそうだ。
　【語注】account「口座」　　window「窓口」
　【解説】open an account で「口座を開く」という意味。女性はそのためには、Window Number 6 に行くように案内している。

第3章

生活英語を楽しむ

プラクティカル・リスニング

　英語での確実なコミュニケーションのためには、基本となる英文法や語彙力、構文力はもちろん不可欠ですが、一方、こうした知識、いわゆる「知識言語」の学習だけでは、本当の意味での英語力は備わっていきません。英語圏の社会で日常使われている「生活英語」に触れていくことが必要です。

　この章では、生活英語を楽しく聞き、彩のある英語力を培っていきましょう。

本章の学習法

　この章では、TOEIC Part 4 によく出題されるジャンルのアナウンス表現を掲載しました。英語圏の日常生活に欠かせない表現ばかりです。楽しく生活英語を聞き、英語力の急上昇をねらいましょう。

―――――「生活英語力」アップのために―――――

　まず、リスニング力養成および TOEIC 対策として、「生活英語力」をアップさせましょう。

特有のアナウンス表現を習得する

　質問文や会話文と同じように、こうしたアナウンス表現の場合も、どこで何のためになされるアナウンスなのかを瞬時に判断することが最も重要なポイントです。
　この章でも、アナウンスの表現とその状況を瞬時に判断するトレーニングを進めましょう。TOEIC の Part 4 にも「場所はどこか」とか「内容は何か」といった質問は必ず出題されます。アナウンスの冒頭で状況が判断できるように学習しましょう。

特有の表現をつかむトレーニング

　前の2つの章で行った学習と同じです。状況や内容を決定づけるアナウンス表現をキャッチする学習を進めていきましょう。

CDだけで、片方のイヤホンを外してトレーニング

　CDでは、左のトラックに英語を右のトラックに日本語を収録しています。ですから、右のイヤホンを外すと英語だけが流れ、日本語部分がポーズになります。英語だけを流しながら、このポーズのあいだに「場所はどこか」とか「どんな状況の英文か」などを頭の中にイメージ（画像を描く）するトレーニングをしましょう。

学習のステップ―――――

ステップ①　あるジャンルを通して聞き、特有表現をインプットする。

　テキストのアナウンス表現はジャンルごとにまとめられています。最初は、あるジャンルを通して聞き、そのジャンル特有の表現をインプットしながらその情景を頭に描くようにします。
　このときは英文を目で追いながら、また日本語もいっしょに聞いてかまいません。

ステップ②　英語だけで聞き、表現をインプットする。

　今度は、日本語のトラック（右のイヤホン）を外して英語だけを聞き、ステップ①でインプットした表現を拾いながら情景を頭に思い描くようにします。特有の表現に特に注意しながら聞き、頭に描いた情景と一致させましょう。

ステップ③　日本語を聞き、表現を再現させる。

　ちょっとむずかしいかもしれませんが、今度は、英語のトラック（左のイヤホン）を外して日本語だけが聞ける状態にします。この学習の前に、英語がそのまま頭の中に浮かんでくるくらい何度も聞いておきましょう。

　英語のトラックを外して日本語だけを聞きながら、そのジャンルに特有の表現を思い出していきましょう。このとき、文全体を思い出す必要はありません。また、表現を一字一句思い出す必要もありません。「だいたいこんな表現だったな」というおぼろげな記憶だけでいいのです。

　こうした学習を進めていくと、TOEICのPart 4のアナウンスを聞いたときに、瞬時にその情景（状況）が頭の中に浮かんでくるようになります。

スピーキング力アップのために

シャドーイング

　「シャドーイング」という学習法のことを聞いたことがある人も多いのではないでしょうか。最近、「シャドーイング」をうたった学習書をよく目にします。

　この「シャドーイング」は通訳養成訓練などで使われるトレーニング法です。英語を聞きながら、そのすぐあとに影（shadow）のようにあとから追いかけて口に出して言う方法です。第2章で紹介した「リピーティング」に似ていますが、リピーティングが英文を全部聞いてから口に出して言い始めるのに対し、シャドーイングは、文が終わらないうちに言い始めるのが違っています。

　初めのうちは大変ですから、リピーティングと同じように、英文を聞き終わってからでもいいでしょう。慣れてきたら、英文が終わらないうちに言い始めるようにします。

　また、最初のうちはテキストを見て、文字を目で追いながらでもかまいません。慣れてきたら、文字を見ないでシャドーイングするようにしましょう。

Unit 1 交通機関に関するアナウンス表現

1 列車や電車

1 You can catch a local train for Linden at Forest Park on Track 3.

リンデン駅においでのお客様は、フォレストパーク駅の3番線で普通電車にお乗り換えください。

local train「普通列車、鈍行列車」

2 The final destination on this line is Bryce Hill.

この電車の終点はブライス・ヒルです。

destination「目的地」

3 You are on the Green Line Express train to Winston.

この列車はウィンストン行きグリーンライン急行です。

4 This train has free Internet connections in Car Four.

この列車の4号車には、無料でご利用いただけるインターネット接続回線がございます。

car「(列車の)号車」

5 Our food service in Car Six is open now.

6号車のお食事サービスが今ご利用になれます。

6 Mind the gap when getting on and off train.

乗り降りの際には電車とホームのあいだのすき間にご注意ください。

mind「…を気にする」　gap「すき間」

7 We are about to arrive at Grant Station.

まもなくグラント駅に到着いたします。

be about to ...「…しようとしている」

8 Please take all your luggage when you exit the train.

列車をお降りの際には、忘れ物をなさらないようにお願いします。

9 Passengers who are staying on the train should make room for others to exit.

お降りのお客さまのために場所を空けてください。

passenger「乗客」　make room「場所を空ける」

●ワンポイント・アドバイス

列車でよく使われる単語と熟語

destination「目的地」
pull out「出発する」
pull into ...「…に着く」
fare「料金、運賃」
refund「払い戻し」

head「…に向かう」
depart「出発する」
conductor「車掌」
transfer「乗り換える」

第3章　プラクティカル・リスニング

2 バス

1 Ladies and Gentlemen, I'd like to welcome you aboard our bus tour.

私どものバスツアーにご乗車くださりありがとうございます。

welcome ... aboard〜「…の〜への乗車を歓迎する」

2 This bus is equipped with a restroom in the back.

このバスは後方にトイレが設置してあります。

be equipped「…が設置されている、…が装備されている」
restroom「トイレ、化粧室」

3 We will make a brief stop at the Amherst Service Area.

アムハースト・サービスエリアでしばらく停車いたします。

make a brief stop at ...「…にちょっと立ち寄る、…にしばらく停車する」

4 Do not leave any valuables behind when you get off.

お降りの際に貴重品を置いていかれないようお願いいたします。

valuables「貴重品」⇒通常複数形で表す。

5 We have half an hour left on the highway before we're in Chicago.

シカゴ到着までの移動時間は、あと30分です。

6 We have just received information concerning the traffic jam we're stuck in.

巻き込まれている交通渋滞に関する情報がただいま入りました。

traffic jam「交通渋滞」　　be stuck in ...「…にはまり込んでいる」

7 Tokens can be used for the basic fare.

トークンは基本料金としてご利用になれます。

token「(バスなどの)代用貨幣」

8 The bonus book of ten bus tickets will be $12.00.

10枚つづりのバスの回数券は12ドルです。

9 All bus fares will be increased by approximately 15%.

すべてのバス料金が約15%値上げされます。

approximately「およそ」

● ワンポイント・アドバイス

「トイレ」を表す表現

2番に restroom という「トイレ」を表す語が出ています。これは公共施設のトイレを指すことが多いようです。家庭のトイレは bathroom が一般的です。列車や飛行機などでは lavatory が使われます。ホテルなどでは、restroom, women's [ladies'] room, men's room, powder room, comfort station などが使われます。

3 空港や飛行機の中

1 A shuttle bus connects the East and West Terminals.

シャトルバスが東と西のターミナルをつないで運行しております。

---

shuttle「定期往復便」
⇒もともと、織機で左右に糸を行ったり来たりさせる梭（ひ）のこと。

2 Passengers must go through immigration and customs at this time.

お客様は、今のうちに入国審査と税関手続きをお済ませください。

---

immigration「入国管理」　　customs「税関手続き」⇒通常複数形で表す。

3 Flight 302 has been delayed approximately two hours.

302便は約2時間遅れとなっております。

---

delay「遅らせる、延期させる」
⇒「遅らせる」という意味なので、「遅れる」と言う場合は受け身形で表す。
approximately「約、だいたい」

4 Welcome aboard Lakeshore Airlines for our westbound flight 557 to Seattle.

西部方面シアトル行き、レイクショア航空557便をご利用くださいましてありがとうございます。

---

aboard「…に搭乗して」
westbound「西行きの」
⇒ east, south, north に付けて「…行きの」を表現できる。

5 No smoking is allowed on any domestic flight.

国内線はすべて禁煙でございます。

---

domestic「国内の」
no smoking is allowed「禁煙だ」
⇒否定の意味になっていることに注意。smoking is not allowed も同じ意味。

---

6 The captain has turned on the Fasten Seatbelts sign.

機長からシートベルト着用の指示がございました。

---

7 In 20 minutes, we will be landing at Stapleton International Airport.

あと20分でステープルトン国際空港に着陸いたします。

---

8 We will be turning off our in-flight audio programs soon.

まもなく機内オーディオ放送を停止いたします。

---

turn off「消す」
⇒6番の turn on の反意になる。「音量をしぼる」は turn down と言う。

---

9 We hope you fly with us again.

また皆様と空の旅ができますよう、お待ち申しております。

---

fly「飛行機で移動する、飛行機で旅行する」
⇒この fly はアナウンスだけでなく会話でもよく使われるので、使い方を覚えよう。

Unit 2 公共の場でのアナウンス表現

1 デパート、スーパー、店

1 All visitors must park in the basement garage.

お客様はどなた様も、地下駐車場にご駐車ください。

2 On Friday, Rosen's will officially start the pre-Christmas shopping season.

金曜日よりローゼンズでは、クリスマス前のショッピング・シーズンを本格的に開始いたします。

---
officially「本格的に、正式に、形式上」

3 Krieger Department Store brings you a taste of Chinese culture with its weeklong China Fair.

クリーガー百貨店では、1週間の中国フェアを開催し、お客様を中国文化の風情へお連れいたします。

---
taste「風情、趣」
weeklong「1週間にわたる」

4 During renovation, our jewelry section is at the back on the third floor.

改装中、宝石売り場は3階奥になります。

---
renovation「改装、リフォーム」
⇒家などの「リフォーム」は reform とは言わない。reform は組織などを改編する場合に使う。
at the back「奥に」

5 Ask for a rain check if any of our sales items are unavailable.

お求めの商品がない場合、後日購入券をご要請ください。

ask for ... 「…を要求する」　　rain check「(商品がない場合の)後日購入券」

6 As always, our store will offer treats this holiday in the way of free cookies.

例年どおり、当店ではこの休暇も無料のクッキー配布のおもてなしをいたします。

treat「おもてなし」

7 This year, we will stay open longer until midnight for nighttime summer shoppers.

今年は、夜にいらっしゃる夏のお客様のために、夜の12時まで営業いたします。

8 Beginning next Monday we will extend our hours for the holiday season.

来週月曜日より休暇シーズンに備えて営業時間を延長します。

extend「延ばす」

9 The store will close in ten minutes.

あと10分で閉店いたします。

2 博物館、美術館、図書館、映画館など

1 The newly renovated Opera House is now over one hundred years old.

最近修復されたオペラハウスは建築後100年以上になります。

renovate「改修する、修復する」

2 This part of our facility contains the Silvermann Collection.

当館のこの一角には、シルバーマン・コレクションを収めています。

facility「施設」　　contain「収容する」

3 This art gallery will be closed for a month for complete renovations.

当美術館は、全面改修工事のため1か月間休館となります。

4 The auditorium will reopen with the balcony rearranged as its own separate movie facility.

大劇場は、2階観客席を独立した映画劇場にし、新しい形で再開いたします。

5 The lecture scheduled for 7:30 this evening has been temporarily canceled.

今夜7時30分から予定されていた講演は一時中止となりました。

temporarily「一時的に、仮に」

6 The San Bruno Community Garden Center is having its annual plant sale on Saturday.

サン・ブルーノ地域ガーデンセンターでは、土曜日に毎年恒例の植木市を行います。

---

annual「年に1度の」

7 The anthropological collection is now housed in the central galleries.

人類学コレクションは、現在、中央展示室に収めてあります。

---

anthropological「人類学の」
house「収容する」

8 You will be allowed to leave the theater and re-enter if you get your hand stamped.

手にスタンプを押せば、映画館へ再入場することができます。

---

get your hand stamped「手にスタンプを押してもらう」
⇒使役動詞 get の使い方に注意。

9 This, the eastern wing of the museum, was built in 1884.

ここは博物館の東棟で、1884年に建てられたものです。

---

wing「(建物の)棟」

3 銀行や郵便局のロビーや窓口など

1 When your number is called, go to that numbered window.

番号が呼ばれましたら、指示された番号の窓口へおいでください。

numbered「番号が付けられた」

2 As you prepare your taxes, remember the law now permits various new deductions.

税金を用意する際に、現行法では、いろいろな新控除が認められていることをご確認ください。

permit「許可する」　　deduction「控除」

3 Your telephone payments must be received by the 15th of each month.

電話料金のお支払いは、毎月15日までです。

4 The charge for each late electricity payment will be five dollars.

お支払いが遅れた場合、電気料金の請求書ごとに5ドルの遅延料がかかります。

5 People mailing letters and buying stamps should use Window 1.

手紙を出す方と切手を買われる方は1番窓口へおいでください。

6 This window is only for problems with your mail delivery.

この窓口は、郵便の配達に関して問題がある方専用です。

---

delivery「配達」⇒動詞は deliver である。

7 Tax envelopes will be stamped with today's date if received before midnight.

深夜12時までに受けた納税用封筒は、本日の消印になります。

---

envelope「封筒」
⇒動詞の「…に入れる、封じ込む」は envelop となり、語尾に -e を付けない。またアクセントも -vé- の部分にくる。
midnight「夜中の12時」

8 Be sure it's sealed, and your name and address are written in the appropriate places.

封をしてあるかどうか、またご自分の名前と住所が適切な位置に書いてあるかどうかを確認してください。

---

seal「封をする」　　appropriate「適当な」

9 For ordinary banking services, please come during business hours.

通常の銀行業務につきましては、営業時間内にお越しください。

---

ordinary「通常の」

4 大学、役所など

1 Senior citizens can get a ten-percent water bill reduction.

高齢者の方は、10パーセントの水道料金の割引が受けられます。

senior citizen「高齢者」　　reduction「減額」

2 You should consider entering a technical college for the next term.

次の学期に専門学校への入学をお考えになってはいかがでしょうか。

3 Registration ends August 31 with classes beginning the following Monday.

登録手続きの締め切りは8月31日で、授業は次の月曜日から始まります。

registration「登録手続き」

4 We have a job placement service to help you find that perfect position.

あなたにぴったり合った職業を斡旋いたします。

job placement「職業斡旋」

5 The fall semester begins the first week of September and ends on December 21.

秋学期は9月の第1週から始まり、12月21日に終わります。

semester「学期」

6 Tuition is due on the first day of classes.

授業料は授業の初日が支払い期限です。

tuition「授業料」
be due ...「…が期限である」

7 Tomorrow's annual legal workshop is scheduled to begin at 10:00.

明日の年次法律セミナーは10時に開始予定です。

workshop「セミナー、研修会」

8 Lincoln Elementary will close its doors for the last time June 12.

リンカーン小学校は6月12日をもって閉校いたします。

elementary「初歩的な、基本の」
⇒ elementary school で「小学校」という意味。primary school とも言う。

9 Have your health insurance card ready when your name is called.

お名前が呼ばれましたら、健康保険証をご用意ください。

have ... ready「…を用意する」
insurance「保険」

Unit 3 コマーシャルの表現

1 品物を売るコマーシャル

1 A coat from Yager's will keep you warm this winter.

イェーガーズのコートを着て、この冬を暖かく過ごしましょう。

2 You'll look great in a reasonably priced suit from Jackson Webb.

お手ごろ価格のジャクソン・ウェブのスーツをお召しになると立派に見えますよ。

---

webb ⇒ここでは社名だが、もとは「職工」という意味。似た語に web があり、こちらは「クモの巣」という意味で、インターネット用語として使われる。www は world-wide web の略。

3 You've never felt as comfortable in any shoes as you will in Steadman's.

ステッドマンの靴は、今まで履いたどんな靴よりも心地よいことがお分かりいただけるでしょう。

---

comfortable「快適な」
⇒ as ... as にはさまれた語句が長いので注意しよう。

4 Use Safe Spray to guard you and your children from mosquitoes.

セーフスプレーを使ってご自分とお子様を蚊から守りましょう。

---

mosquito「蚊」

5 **We'll tell you how much it might cost to move to your new home.**

新居にお引っ越しの際の料金をお見積もりいたします。

---

6 **You deserve the delicious taste of a ChocoChunk bar.**

あなたはチョコチャンクバーのおいしさが分かる人です。

- -
deserve「…を受けるにふさわしい」

---

7 **These ViaCom telephones are cheaper and easier to use than Jelestar phones.**

このビアコムの電話はジェレスターフォンに比べて安くて使いやすい電話です。

---

8 **Fresha is a delicious new soft drink in a bright orange bottle.**

フレッシャは明るいオレンジ色のボトルに入ったおいしくて新しいソフトドリンクです。

---

9 **Maxwell Locks are stronger and come with a money-back guarantee.**

マックスウェル社の鍵は最強で、料金払い戻し保証付きです。

- -
guarantee「保証」

2 エステやジム、施設利用のコマーシャル

1 Our beauty consultants are ready to give you a total image makeover.

当店の美容コンサルタントは大変身のお手伝いをいたします。

---

consultant「相談役」　　makeover「大改造、大変身」

2 Hilton Education Center starts classes on making nutritious meals.

ヒルトン教育センターでは、栄養価の高い料理教室を開催します。

---

nutritious「栄養になる、栄養価の高い」　　meal「食事」

3 Hair implants can make you look as young as you feel.

植毛はあなたが若いと感じる年まであなたを連れ戻してくれます。

---

implant「埋め込み、移植」

4 Our members are able to use any of our 20 facilities.

メンバーの方は 20 か所のどの施設でもご利用になれます。

---

facility「施設」

5 There are classes on diving and water safety after 5:30 p.m. weekdays.

平日の 5 時半以降、潜水と水の安全教室を設けております。

6 To join this swimming class, call 465-2255 between 9:00 a.m. and 9:00 p.m.

水泳教室に申し込まれる方は、465-2255番に午前9時から午後9時までの間にご連絡ください。

---

7 Our seminar will consider what to do to maintain your health.

当セミナーでは、健康管理について考えてまいります。

---

consider「…について考える」⇒あとに目的語が直接続くことに注意。
maintain「維持する」

---

8 Come in today, and get on the road to complete fitness.

今すぐおいでください。そしてトータルフィットネスへの道を見つけませんか。

---

on the road to ...「…に向かって」

---

9 Enroll in Healing Heart and start thinking and exercising right.

ヒーリング・ハートに参加して、身も心も健康になりましょう。

---

enroll「入会する」
right「正しく」⇒ここでは副詞として使われている。

3 店頭、店内でのコマーシャル

1 The closing sale at Hills Market is your golden opportunity.

ヒルズ・マーケットの閉店セールは、願ってもない機会です。

---

golden opportunity「絶好のチャンス」

2 Shoppers, don't miss today's special on gourmet cheeses.

ご来店の皆様、今日の目玉商品のグルメ・チーズをお見逃しなく。

3 Tomorrow, this new Federal's store will open here at Westwood Mall.

フェデラルズの新しいお店がこのウェストウッド・ショッピングセンターに明日開店します。

---

federal ⇒ここでは店名だが、もとは「連邦政府の」という意味。

4 Frederick's is 10 years old, so it's having a big sale!

フレデリックスは創業10周年を迎えましたので、大売り出しを行います。

5 Visit any Fisher Cleaner and get one item dry-cleaned free.

フィッシャー・クリーナーへおいでください。どのお店でもクリーニングが1点無料です。

6 Rockey Sports Shop is ready with all the latest ski equipment.

ロッキースポーツ店では、最新スキー用品を取り揃えております。

latest「最新の」
equipment「装備」⇒数えられない名詞で、複数形にはしない。数えるときには、two pieces of equipment のように言う。

7 Come to Top's this weekend for fabulous holiday savings.

今週末はトップスのすばらしい休日セールにお越しください。

fabulous「すばらしい」　saving「値引き、セール」
⇒ここでの holiday は「クリスマス」のこと。宗教色を弱めるために Christmas を使わないところがふえている。

8 We are waiting for you here at Franco's where dinner's affordable.

お手ごろ価格でディナーを召し上がれるフランコズへどうぞ。

affordable「手ごろな」

9 Check out the great bargains in home furniture listed in our flyer.

当店のチラシ広告に載っている家具の大特価品をご覧ください。

flyer「チラシ」

Unit 4 ニュースの表現

1 事故、災害

1 Five cars collided today at the intersection of Highway 31 and State Street.

31号線とステート通りの交差点で5台の車の衝突事故がありました。

collide「衝突する」　　intersection「交差点」

2 Tarrisburg's old train station was severely damaged by a tornado this afternoon.

タリスバーグの古い駅舎が、今日午後の竜巻で深刻な被害を受けました。

severely「著しく」

3 Four others are still missing after the five-hour-long fire in the warehouse.

5時間燃え続けた倉庫の火事で、4人がまだ行方不明です。

4 Firefighters have recovered seven bodies from the ruins of the apartment complex.

消防隊は、アパートの焼け跡から7人の遺体を収容しました。

recover「探し出す、回収する」
body「遺体」
ruins「廃墟」⇒通常複数形で表す。
apartment complex「アパート、共同住宅」
⇒ apartment はアパートの1世帯分。complex は「集まり」。

5. **The number of auto-related injuries to infants is increasing.**
自動車事故による幼児のけがの件数が増えています。

---

6. **Due to a severe thunderstorm in the Chicago area, the arrival has been postponed.**
シカゴ周辺の激しい雷雨のため、飛行機の到着が遅れております。

---

7. **The flood is not expected to recede for at least two days.**
洪水は少なくとも2日間は引かないだろうと見られています。

---

flood「洪水、浸水」　　recede「退く」

---

8. **If it rains over the weekend, homes next to the industrial park would be threatened.**
週末も雨が降り続けば、工業団地に隣接する家屋が危険になってくるでしょう。

---

industrial park「工業団地」　　threaten「…の恐れがある、…の兆候を示す」

---

9. **Damage due to flooding is expected to run into the millions.**
洪水による被害は何百万ドルにも上るものと思われます。

---

run into ...「合計…になる」

2 犯罪

1 Ted Jones, who was held by terrorists in Europe, has been released.

ヨーロッパでテロリストたちの人質となっていたテッド・ジョーンズ氏が解放されました。

---

hold「拘束する」

2 He was held prisoner for over five weeks at a mountainside hideout.

彼は山腹のアジトで5週間以上も拘束されていたのです。

---

prisoner「拘束された人」⇒「囚人、刑事被告人」という意味もある。
mountainside「山腹の」
hideout「隠れ家、アジト」

3 A series of thefts have taken place near Edward Lake this past week.

この1週間に、エドワード湖付近で連続盗難事件が発生しております。

---

theft「窃盗」

4 Police have no suspects at this time but believe that the criminal is a white male.

現時点では警察は容疑者を挙げていませんが、犯人は白人の男性だと見ています。

---

suspect「容疑者」
criminal「犯人」⇒「刑事事件」は crime と言う。

CD 2-35

5 People residing near the lake are requested to report anything suspicious to the police.

湖付近にお住まいの方は、不審なことがあれば何でも警察に報告するようにしてください。

reside「居住する」　suspicious「不審な」

6 Four officers are injured, two of them seriously.

4人の警官が負傷し、そのうちの2人は重傷です。

officer「警官」
injured「けがをした」⇒ wounded もほぼ同意。

7 Here is the first film footage from the site of the homicide on Pratt Avenue.

プラット通りの殺人の現場で撮影された最初の映像です。

footage「映像」　homicide「殺人行為」

● ワンポイント・アドバイス

犯罪用語

　上の7番に出てくる homicide（殺人行為）は murder（殺人）と基本的には同意語です。しかし、murder が故意の殺人しか指さないのに対して、homicide は、過失や不注意で他人を死なせてしまった場合も含みます。また、特に「過失致死」には manslaughter を使います。接尾語の -cide は「殺し」を意味し、suicide（自殺）、insecticide（殺虫剤）などがあります。

3 経済

1 The economy remains in bad shape as we enter the new fiscal year.

新しい会計年度に入りましたが、景気は未だに悪い状況です。

---

shape「状態」
fiscal year「営業年度、会計年度」⇒ fiscal は「国庫の、財政上の」という意味。

2 Chickasaw County might expect to have about 20 farms go out of business.

チカソー郡では、約20戸ほどの農家が廃業することになるかもしれないということです。

---

go out of business「廃業する」

3 Airlines are suffering from a huge drop in international travel.

海外旅行の大きな落ち込みで航空会社は大打撃を被っています。

---

suffer from ...「…に苦しむ」
huge「巨大な」

4 The real estate boom continues undiminished with prices up 20% in two years.

不動産景気は、2年間で地価が20%上がるなど、相変わらずの勢いです。

---

real estate「不動産」
undiminished「衰えていない」

5 Speedex is thinking of buying Carrington to create a personal computer giant.

スピーデックス社はキャリントン社を買収し、パソコン大手になることをもくろんでいます。

giant「最大手企業」

6 Today Nash Motors announced plans to mass-produce an electric automobile within the next five years.

ナッシュモーターズ社は、今日、向こう5年以内に電気自動車を大量生産する計画だと発表しました。

7 Interest rates rose again and the dollar held steady.

利率は再度上昇し、ドルの価値は安定しています。

interest rate「利率」　steady「安定した」

4 芸能、イベント、有名人

1 The winners of the Baldwin Awards were announced today.

ボールドウィン賞の受賞者が、今日発表されました。

---

award「賞」

2 Paul Harding won in the category for governmental affairs reporting.

政治報道部門では、ポール・ハーディング氏が受賞しました。

---

governmental affairs「政府の問題」
⇒ affairs は「事務、業務」という意味では通常複数形。
【例】foreign affairs「外交問題」

3 The leading lady will be the British actress Glenda Hughes in her first action movie.

ヒロインは、アクション映画は初めてという英国人女優グレンダ・ヒューズです。

---

leading lady「主演女優」

4 In local news, the former mayor Michael Fisher passed away today at the age of 85.

地元のニュースです。前市長のマイケル・フィッシャー氏が今日85歳で亡くなりました。

---

local「地元の」⇒「田舎の」という意味ではないので注意しよう。
pass away「亡くなる」

5 **We will now go live to Walker Field where Air Force One is landing.**

では、ウォーカー・フィールドから、エアフォース・ワンの着陸模様を生中継いたします。

go live「生中継する」
Air Force One「エアフォース・ワン」⇒米大統領の専用機。

6 **The President will be joined by Mayor Jackson for the motorcade to Assembly Hall.**

大統領はジャクソン市長に伴われて、自動車パレードで講堂に向かいます。

motorcade「車でのパレード」　assembly hall「集会場」

7 **This year, Olympic silver medalist Bobbi Hart will star in the Festival on Ice.**

今年はオリンピックの銀メダリスト、ボビー・ハートが氷上フェスティバルの主演を務めます。

star「主演を務める」

8 **Local residents are applauding our native son's Olympic gold in boxing.**

当地の人たちは地元出身者のボクシングでのオリンピック金メダルを称えています。

applaud「称賛する」　native son「その土地で生まれた人間」

Unit 5 天気概況・天気予報の表現

1 天気概況

1 This weekend looks great up and down the California coast.

この週末、カリフォルニア州沿岸は北から南まで天気がよい見込みです。

up and down「上から下まで、北から南まで」

2 Highs should be in the lower nineties, so large crowds are expected on all beaches.

最高気温は90度前半となりそうですから、海岸には大勢の人出が予想されます。

highs「最高気温」　　crowd「大勢の人」

3 Allergy sufferers will notice much more pollen when they go out.

花粉が多くなりそうですから、花粉症の人は外出の際にご注意ください。

sufferer「患者」　　pollen「花粉」

4 The rain will stop shortly after 2:00 and only reduce the heat slightly.

雨は2時少し過ぎにはやみますが、酷暑をわずかに和らげてくれるだけでしょう。

reduce「減らす」　　slightly「わずかに」

5 The rains that have fallen are raising water levels in rivers to the point of flooding.

降雨により、川が洪水警戒水位まで上昇してきています。

raise「上げる」
flooding「洪水、洪水になること」

6 The Midwest is caught in the worst cold snap in nearly five years.

中西部はこの5年で最も寒い寒気団に見舞われています。

cold snap「突然の寒気」

7 There is no letup in sight in this 14-week drought.

この14週間にもおよぶ干ばつは、終わりそうにもありません。

letup「停止、中止」⇒動詞句の let up は「弱まる、止む」という意味。
in sight「…の気配がある」
drought「干ばつ」⇒発音に注意。

8 Humid air will make many people uncomfortable throughout the night.

湿度が高いため、多くの人が夜のあいだ不快感を感じるでしょう。

humid「湿った」

2 天気予報

1 The high today will be 85° Fahrenheit.
今日の最高気温は華氏85度になるでしょう。

Fahrenheit「華氏」
⇒これに対して、「摂氏」はCelsiusと言う。人名から来ているので、大文字で書く。Fahrenheitはドイツの物理学者の名前から、Celsiusはスウェーデンの天文学者の名前から。華氏から摂氏への換算法は次のとおり。
（華氏－32）÷ 9 × 5 ＝摂氏
【例】華氏100°は（100 － 32）÷ 9 × 5 ＝ 37.777℃

2 Clear and sunny skies will arrive tomorrow.
明日には晴れて太陽も顔をのぞかせるでしょう。

3 Clouds will start to build in the afternoon.
午後には雲が出てきます。

4 A bit of morning fog will settle in coastal valleys Saturday morning.
土曜日の朝には、沿岸の谷間にはわずかに朝霧がかかるでしょう。

---
fog「霧」　　coastal「沿岸の」

5 Showers are expected this afternoon throughout the Shreveport area.
シュレブポート全域で、今日の午後はにわか雨がある模様です。

---
shower「にわか雨」

6 Snow accumulation may reach half a foot along the lake.

積雪は湖近くでは 0.5 フィートに達するかも知れません。

accumulation「蓄積、積雪」

7 Northern California will soon have another storm that is moving in off the Pacific.

カリフォルニア北部には太平洋から、また暴風雨が近づいています。

8 It's going to be a hot and humid night all across our area.

今夜はこの地域全域にわたって、むし暑い夜になるでしょう。

humid「湿った」

9 A cold front will pass through our area around 7:00 this evening.

寒冷前線は今夜 7 時ごろこの地域を通り過ぎる模様です。

front「(気象)前線」

●ワンポイント・アドバイス

よく使う気象用語
weather chart「天気図」　　occasional shower「ときどきにわか雨」
overcast「曇り」　　　　　partly rainy「ところにより雨」
isobar「等圧線」　　　　　atmospheric pressure「気圧」
chance of rain「降水確率」

3 注意報、警報

1 The National Weather Service has just announced a tornado watch.
国立気象局からただいま竜巻警報が発令されました。

2 Spring gale-force winds shut down the airport around 11:00.
春一番の強風のため、11時ごろ空港が閉鎖されました。

---

spring gale-force wind「春一番の突風」

3 The weather service warns of the possibility of severe thunderstorms in Greenwood tonight.
気象サービスは、今夜グリーンウッド郡は激しい雷雨に見舞われる可能性があると警告しています。

4 Residents of the Santee Valley must evacuate low-lying areas.
サンティー渓谷の住民の皆さんは低地から避難してください。

---

evacuate「…から避難する、…を空にする」　　low-lying「低地にある」

5 Low-lying areas near the Fall River are under a flash-flood watch.
フォール川周辺の低い地域には鉄砲水の注意報が出ています。

---

flash-flood「鉄砲水」

6 Areas which do not get rain may experience dust storms.

雨の降らない地域では、砂嵐の恐れがあります。

---

dust storm「砂嵐、つむじ風」

---

7 Be cautious today on mountain roads as there may have been landslides.

地すべりが起きている恐れがあります。今日の山道は十分に注意してください。

---

cautious「注意深い」
landslide「地すべり」⇒選挙の「地すべり的勝利」という意味でも使う。

---

8 Watch out for foggy patches in low areas late tonight.

今夜遅く、低地ではところにより霧が発生しますので、ご注意ください。

---

watch out for ...「…に注意する」
foggy patch「ひとまとまりの霧」⇒ foggy は fog（霧）の形容詞形。patch は「当て布」という意味で、まとまった霧を表している。

---

9 Stay tuned for hourly updates on the flooding of the Missouri River.

ミズーリ川の氾濫に関しましては、毎時の最新ニュースをお聞き逃しなく。

Unit 6 交通情報の表現

1 一日の交通状況

1 The best route into the city this morning will be Highway 99.

今朝市内へ向かう最適なルートはハイウェイ 99 号線でしょう。

2 The Garden State Parkway has moderate traffic at this time with no problems to report.

ガーデン・ステイト・パークウェイは、この時間は特に目立った障害もなく、通常の流れとなっています。

---

moderate「適度な」

3 Traffic is moving at the speed limit on all freeways.

フリーウェイではすべて、車の流れは制限速度内に保たれています。

4 Traffic is moving normally on all highways into the city.

市街地へ入るすべての自動車道は通常通り流れています。

5 Traffic has slowed going out of the city as motorists look at the accident as they pass by.

郊外へ向かう線は事故の見物渋滞で、流れが悪くなっています。

6 Traffic is heavy in both directions as people arrive for the concert tonight.

今夜のコンサートに人々が集まっており、両方向とも渋滞しています。

heavy「渋滞した」⇒ 交通量は、light, heavy で表す。

7 An accident in the Holland Tunnel has stopped traffic on the Pulaski Skyway for now.

ホランドトンネルの事故のため、パラスキ・スカイウェイは現在通行止めになっています。

for now「当分は、差し当たり」

8 Due to the weather conditions, commuter trains are running behind schedule.

悪天候のため通勤電車に遅れが出ております。

due to ...「…のせいで」
commuter train「通勤電車」⇒ commute は「通勤する」。
run behind schedule「遅れる」

9 The snowstorm has reduced speeds on all highways.

吹雪のため、すべての自動車道で流れが悪くなっています。

2 交通規制、迂回

1 If you can use US-39 or Hardy Toll Road, do so.

US39号線やハーディー有料道路が使える人はそちらへ迂回してください。

2 College Avenue should be used as an alternate route.

カレッジ・アベニューが迂回路として使用されることになるでしょう。

alternate「代わりの」

3 With construction on the Kendall Freeway, use I-472 as a detour.

ケンドール・フリーウェイが工事中のため、I-472へ迂回してください。

detour「迂回路」

4 An accident at the corner of Second Street and Ford Avenue is blocking traffic.

2番通りとフォード通りの交差点で起きた事故で、道路が閉鎖されています。

5 Traffic will not run on Michigan Street from 10:30 a.m. until noon.

ミシガン通りが午前10時30分から正午まで通行止めになります。

CD 2-42

6 The Hamilton Tunnel is backed up, so take the bridge to Richmond.

ハミルトン・トンネルが渋滞しておりますので、リッチモンドへ渡る橋をお通りください。

back up「渋滞させる」

7 Follow the directions by the police because the power failure stopped traffic lights.

停電で信号が使えなくなっておりますので、警察官の指示に従ってください。

power failure「停電」

8 Park at least ten blocks from the Jackson Park fireworks viewing area.

ジャクソン公園の花火観覧地区から最低10ブロック離れた場所に駐車してください。

●ワンポイント・アドバイス

道路名のいろいろ

1番のUS-39や3番のI-472は道路の名前です。南北に走る道路には奇数番号が、東西に走る道路には偶数番号が付いています。「有料道路」はtoll roadやturnpikeと言います。turnpikeはtoll gateと同じで「料金徴収所」という意味です。highwayは「高速道路」ではありません。「幹線道路」です。「高速道路」はexpress wayと言います。freewayのfreeは「無料の」ということです。

Unit 7 報告や指示の表現

1 会議

1 Let's look at the agenda for what we're covering in the meeting today.

本日の会議で話し合う議題を見ていきましょう。

---

agenda「議題」

2 We'll start by listening to the proceedings from the last meeting.

まず初めに、前回の会議の議事録を聞きましょう。

---

start by...「…から始める、皮切りに…する」
proceeding「議事録」⇒ minute も「議事録」として使われる。

3 We've maintained our market share as our next speaker will explain in detail.

わが社がマーケットシェアを維持していることを、次の発言者に詳しく説明させます。

---

in detail「詳細に」

4 We are meeting to discuss complaints from our distributors.

代理店からの苦情について話し合うため、お集まりいただきました。

---

complaint「苦情、クレーム」　　distributor「代理店、配給業者」

5 Today's meeting will only run for half an hour.

今日の会議は 30 分で切り上げる予定です。

run「続く、…の時間がかかる」

6 You should prepare specific questions for the afternoon session.

午後の会議に備えて具体的な質問を用意しておいてください。

specific「具体的な」　　session「会議、集まり」

7 The decision will be made by a vote at the end of the meeting.

会議の終わりに投票によって決議します。

8 If there are no further comments, we're ready to vote.

これ以上意見がないようでしたら、採決を取りたいと思います。

no further ...「これ以上…がない」

9 All remaining topics will have to wait until our next meeting.

残った議題はすべて、次回の会議まで持ち越しとしましょう。

remaining「残った」

2 インストラクターやガイド

1 Before we get started today, I'll go over our plan for the day.

出発前に、今日の日程について確認しておきましょう。

get started「出発する、始める」⇒口語ではよく使う表現。
go over「入念に調べる、話題に持ち出す」

2 I'll go over our itinerary before we hear the excursion options.

オプションの遊覧旅行の内容を聞く前に旅行行程をもう一度見ておきましょう。

itinerary「旅行日程」
excursion「遠足、小旅行、遊覧旅行」⇒特にグループの観光小旅行を言う。

3 There is an optional guided tour of the museum available at no extra cost.

追加料金なしで美術館のガイド付きオプションツアーがあります。

available「利用できる」
at no extra cost「追加の費用なしで」

4 We have set aside two hours for the museum.

美術館めぐりに2時間を割いてあります。

set aside「取っておく、備えておく」

5 You'll be free to explore the area on your own.

この付近はご自由に探索していただいても結構です。

explore「探索する」

6 There are several choices of shopping areas this afternoon.

午後にはいくつかのショッピングエリアの選択肢がございます。

7 Remember, our bus is Number 17 with the bright yellow top.

私たちのバスは17号車で鮮やかな黄色の屋根をしていますから、覚えておいてください。

bright「鮮やかな」

8 So, meet back here at 6:00 and we'll go to dinner.

では、6時にここに集合してください。それから夕食に出かけます。

9 I know you're going to enjoy the next three days of cross-country skiing.

クロスカントリー・スキーでこれからの3日間を満喫してください。

3 作業手順や仕事の指示

1 I'd like Mrs. Greenfield to move from Accounting to Personnel tomorrow.

グリーンフィールドさんは明日、経理部から人事部に移ってもらいましょう。

---

accounting「経理」
personnel「人事、人事部、人事の」⇒つづりに注意。

---

2 Notify your supervisor if you'll be late coming in.

もし遅刻しそうだったら、上司に報告してください。

---

notify「報告する」　　supervisor「上司」
if you'll be late「もし遅れるようだったら」
⇒通常、if 節の中では未来のことを表す場合でも現在形で表すが、ここで will が使われていることに注意。「遅刻するつもりだったら」とか「もしどうしても遅れるようであれば」というニュアンスになっている。

---

3 We will have a production planning meeting every Monday.

毎週月曜日に製造企画会議を開くことにします。

---

production「生産、製造」

---

4 Filling the orders will have every employee working overtime for one week.

注文の発送のため、1週間、全員が時間外勤務をして対応することになります。

5 We'll work the booth in shifts.
ブースには交替で入りましょう。

6 Check this list to see which of the four groups you're in.
このリストをチェックし、4つのグループのどれに自分が属するのかを確認してください。

7 I'll blow a whistle after every hour when another group goes onto stand-by.
1時間ごとに私が笛を吹きますから、次のグループは待機してください。

8 Wear your hardhat at all times in the warehouse.
倉庫では、常時ヘルメットを着用してください。

---
hardhat「ヘルメット」
⇒特に、工事現場などで使う半球形のヘルメットを言う。helmet は、オートバイ用のヘルメットやフットボール用のヘルメットを言う。
warehouse「倉庫」

9 Please make sure all manufacturing equipment is turned off.
工場の機械の電源がすべて落としてあるかどうかを確認してください。

4 録音メッセージ、自動アナウンス

1 This is a recording.

これは録音テープです。

2 If you are calling from a touch-tone phone, please follow these directions.

プッシュホンからおかけでしたら，次の指示に従ってください。

---

touch-tone phone「プッシュホン」⇒ボタンを押すと音が出ることから。今ではほとんど見かけなくなったが、ダイヤル式の電話は rotary phone と言う。

3 If you need a customer service representative, please stay on the line.

顧客担当者にご用の場合は，そのままお待ちください。

---

representative「担当者、代理人」

4 If you are a current customer, please leave your name and number.

現在ご注文中のお客様は、お名前とお電話番号をお残しください。

---

your name and number「お名前とお電話番号」⇒ your name と your number がつながったもので、あとの your は省略する。

5 At the moment, all information representatives are busy.

ただ今、案内係の回線がすべてふさがっている状態です。

---

information representative「案内係」

6 Currently all of our operators are helping clients.

ただ今交換手は全員ほかのお客様の応対にあたっております。

currently「現在、今のところ」

7 Please hold the line, and your call will be answered in the order received.

順におつなぎいたしますので、しばらくお待ちください。

hold the line「電話を切らずに待つ」

8 We look forward to serving you.

またのご連絡をお待ちしております。

9 Push 5 to return to the main menu.

メインメニューに戻る場合は5を押してください。

●ワンポイント・アドバイス

電話での表現

The other party is busy.「相手の方はお話し中です」
Hold the line, please.「切らずにそのままおまちください」
You have the wrong number.「おかけ間違いです」
I'm afraid he's on another line.「彼はほかの電話に出ております」
I'll call back later.「あとでかけ直します」
Please have her return my call.
　　　　　　　　「お電話をくださるようにお伝えください」

Unit 8 人の紹介やスピーチの表現

1 人の紹介

1　I'd like you all to welcome Susan Smith.

皆さんにスーザン・スミスさんを紹介しましょう。

2　I'm happy to introduce our next speaker, Sam Patterson.

次の講演者のサム・パターソンさんを紹介させていただきます。

3　Our first guest today is Jack Stone, the best-selling novelist.

今日の最初のゲストは、ベストセラー作家であるジャック・ストーンさんです。

novelist「小説家」⇒ novel は「小説」。

4　I give you Fred Ford, the new president of Kinsley Industries.

キンズリー工業の新社長のフレッド・フォードさんをご紹介します。

5　Now I'll present tonight's speaker, Professor William Atkins of Harper University.

今夜の講演者をご紹介します。ハーパー大学のウィリアム・アトキンズ教授です。

present「…を紹介する、見せる、示す」　professor「教授」

6 We have with us Dr. David Smith, who is a professor of history at St. Paul University.

こちらにはセント・ポール大学の歴史学教授であられるデビッド・スミス博士をお呼びしております。

7 Our speaker tonight has researched the ozone hole over the South Pole.

今夜の講演者は南極点上のオゾンホールを研究してこられました。

---

ozone hole「オゾンホール」⇒「オゾン層」は ozone layer と言う。
South Pole「南極」

8 Ms. Bishop has graciously agreed to speak to us tonight.

ビショップさんが今晩のスピーチを快諾してくださいました。

---

graciously「快く」

9 Mack Dugen comes to us tonight from his home in Montana.

モンタナのご自宅からマック・デューゲンさんが、今夜おいでくださいました。

2 スピーチの出だし表現

1 Thank you for coming to the farewell party for Chris.

クリスのお別れ会にお越しくださってありがとうございます。

---

farewell「別れ」⇒ farewell party で「送別会」という意味。

2 Our panel will be chaired by Mary Day who has some opening comments.

討論会の議長を務められますメアリー・デイさんに開会の言葉をお願いしましょう。

---

chair「…の議長を務める」

3 I would like to take this moment to say a few words and thank everyone.

この時間をお借りして皆様に一言お礼を申し上げたいと思います。

4 Our president will give you some comments.

弊社社長が一言申し上げます。

5 Let's not delay any further. Edward Martin.

それでは、早速始めることにいたします。エドワード・マーティンさんどうぞ。

Let's not ...「…しないでおこう」⇒会話ではよく使う。
further「さらに、これ以上」⇒ far の比較級の1つ。

6 **Please gather around so I can tell you what I've found out.**

集まってください、分かったことをお知らせします。

7 **I see we're all here. We might as well begin.**

全員そろったようですね。では始めましょう。

may as well「…するほうがいい」

8 **Ed Murphy will now tell you the agenda we'll follow during the meeting.**

では、会議の議事進行について、エド・マーフィーさんに話してもらいましょう。

9 **I have a couple of announcements before we get to today's party.**

本日のパーティーを始める前に2、3お知らせすることがあります。

● ワンポイント・アドバイス

farther と further
　いずれも far の比較級で、基本的には、距離について言う場合は farther を使い、程度や範囲を述べる場合は further を使います。ただ、口語ではあまり区別されず、距離について言う場合も further がよく使われるようです。

3 スピーチのその他の表現

1 There is plenty of food, champagne, and music, so everyone please have a good time.

料理もシャンペンもたくさんございますし、音楽もございます。どうぞ楽しんでください。

---

plenty「たくさんの」　champagne「シャンペン」

2 We're all anxious to see what Mr. Fisher can do here.

私たち全員がフィッシャー氏の手腕に期待しています。

---

anxious「切望して」

3 This year we have over 150 participants, representing some 40 different countries.

今年は、およそ40か国の代表150名以上の方々が参加されています。

---

participant「参加者」

4 I'm very pleased to announce that this year's award is given to Tania Lee.

謹んで発表いたします。今年の受賞者はタニア・リーさんです。

5 He will speak on the death of drug users.

彼は麻薬常用者の死についてお話しくださいます。

6 All of you will learn something new about childbirth from our next speaker.

次の講演者から出産について皆さんは何かしら新しいことを学ぶことでしょう。

---

childbirth「出産」

7 She will answer questions from our studio audience this evening.

彼女に今夜のスタジオのお客様からの質問に答えていただきます。

---

audience「観客、群集」
⇒集合名詞で複数にしない。「多い、少ない」は large、small で表す。

8 Sidney was the public face of the company for over 40 years.

シドニーさんは40年間、対外的に会社の顔として活躍されました。

---

public face「代表的な顔」

9 The prize for salesperson of the year goes to Gregory Hensel of CVX!

本年度の販売員大賞はＣＶＸのグレゴリー・ヘンセルさんに贈られます。

第3章　理解度チェックテスト

状況判断チェック

　短いアナウンスを聞いて、その場所や話題を判断するチェックテストをやってみましょう。ここでは、CDに日本語は収録されていません。

(1) 場所はどこでしょう？　　　　　　　　　　　　　　　CD 2-51

アナウンスを6つ読みます。それぞれのアナウンスが行われている場所をⒶ～Ⓒの中から選んで、記号を○で囲みましょう。

1. Ⓐ 客船	Ⓑ 機内	Ⓒ バス
2. Ⓐ 図書館	Ⓑ スーパーマーケット	Ⓒ ホテル
3. Ⓐ バス	Ⓑ 機内	Ⓒ 劇場
4. Ⓐ プール	Ⓑ 会議場	Ⓒ 映画館
5. Ⓐ 駅	Ⓑ 空港	Ⓒ 機内
6. Ⓐ レンタカー店	Ⓑ レース場	Ⓒ 列車

(2) 話題は何でしょう？　　　　　　　　　　　　　　　CD 2-52

アナウンスを5つ読みます。今度は、それぞれのアナウンスの内容を答えます。大まかな内容をⒶ～Ⓒの中から選んで、記号を○で囲みましょう。

1. Ⓐ 株式市場の動き	Ⓑ 今後の仕事の予定
Ⓒ 天気予報	
2. Ⓐ 店の営業案内	Ⓑ 休暇セールの宣伝
Ⓒ イベント情報	
3. Ⓐ 教材販売	Ⓑ 新学科の増設
Ⓒ 社員募集	
4. Ⓐ 客の呼び出し	Ⓑ 講演者の紹介
Ⓒ パーティの司会	
5. Ⓐ 旅行会社の紹介	Ⓑ 航空便の欠航
Ⓒ キャンセル待ちの案内	

解答とスクリプト

(1) 場所はどこでしょう？　　　　　　　　　　　　　　CD 2-51

1. 答 Ⓑ 機内

   Please return your seat to its upright position as we will be landing in a few minutes.

   「当機はまもなく着陸いたしますので、お座席を元の位置にお戻しください」

   【語注】upright「垂直の」　land「着陸する」
   【解説】着陸するので、座席を戻すように指示している。

2. 答 Ⓑ スーパーマーケット

   Please take your purchases to the checkout lanes as we will be closing in ten minutes.

   「あと10分で閉店いたしますので、お買い求め商品をレジまでお持ちください」

   【語注】purchase「購入品」　checkout「会計」
   【解説】purchases や checkout lanes などを手がかりにしよう。

3. 答 Ⓐ バス

   When standing, hold onto a strap as we may have to stop suddenly in traffic.

   「走行中急停車することがありますので、お立ちの方はつり革におつかまりください」

   【解説】strap や traffic がキーワード。急停止に備え、strap をつかむように促している。

4. 答 Ⓒ 映画館

   We will now have a ten-minute intermission before the conclusion of our feature film.

   「本作品の完結編を上映いたします前に、10分間の休憩があります」

   【語注】feature film「長編映画、特別作品」
   【解説】ここでの film は「映画」を意味している。

5. **答 Ⓑ 空港**

Passengers with tickets for Flight 328 to Portland, Oregon, should proceed to Gate 18.

「オレゴン州ポートランド行き 328 便の搭乗券をお持ちのお客様は、18 番ゲートにお進みください」

【解説】Passengers や Flight、Gate などからイメージしよう。

6. **答 Ⓒ 列車**

Smoking is allowed only in Cars 8 and 9 and the smoking section of the dining car.

「8 号車と 9 号車および食堂車の喫煙コーナー以外は禁煙となっております」

【解説】ここでの Cars や car は「(列車の) 車両」を意味する。

(2) 話題は何でしょう？　　　　　　　　　　　CD 2-52

1. **答 Ⓒ 天気予報**

Tonight will be colder. It will be 2° Celsius, three degrees cooler than last night. Tomorrow will have rain in the morning. The afternoon will be clear. The high temperature will be 12° Celsius.

「今夜は寒くなるでしょう。気温は昨夜より 3 度低い摂氏 2 度となります。明日は午前中に雨が降りますが、午後は晴れるでしょう。最高気温は摂氏 12 度になります」

【語注】Celsius「摂氏」　degree「度」　temperature「気温」
【解説】未来時制であることに注目し、具体的な天気や気温を示す表現 (rain、2° Celsius)、colder や high temperature などから考えよう。

2. **答 Ⓐ 店の営業案内**

As always, our store will offer treats this holiday. This year, we will stay open longer until midnight.

「例年どおり、当店ではこの休暇もおもてなしをいたします。今年は夜 12 時まで営業いたします」

【語注】offer「提供する」　treat「もてなし」
【解説】後半の ... stay open ... until midnight で、この店が何時まで営業する予定かを伝えている。

3. 答 Ⓒ 社員募集

A sales manager is being sought by Mark's Educational Products. A college degree in marketing is required.

「マークス教育機器社では、セールスマネージャーを募集しています。マーケティングの学士号が必要です」

【語注】seek「捜し求める」⇒ sought は過去分詞。　degree「学位」
【解説】A sales manager is being sought がポイント。また、A college degree in ... のように、求人広告では必要な資格や学位について言及することが多い。

4. 答 Ⓐ 客の呼び出し

Paging Mr. Ronald Williams. Mr. Ronald Williams of Walker Electronics Company, please contact the hotel operator for a message.

「お呼び出しいたします。ロナルド・ウィリアムズ様、ウォーカー・エレクトロニクス社のロナルド・ウィリアムズ様、ご伝言がございます。ホテルの電話交換手までご連絡ください」

【解説】冒頭の＜Paging ＋人名＞は、人を呼び出すアナウンスの常套句。

5. 答 Ⓑ 航空便の欠航

We're sorry to report the cancellation of Flight 240. Please see us for an arrangement on another flight or to stay overnight in a hotel.

「申し訳ありませんが、240便は欠航となりました。ほかの便の手配やホテルでの宿泊のご用意をいたしますので、お越しください」

【解説】We're sorry to report ... は、良くない知らせをする場合によく使われる。cancellation of Flight ... がポイント。また、それに伴う「代替便や宿泊場所の手配」に関する案内からも判断できる。

参考表現

時間や数字を使った表現

1. 時刻や日付の表現

1 **Lewis Gohnam was also managing director at Ericson Company from 1978 to 1985.**

ルイス・ゴーナム氏は 1978 年から 1985 年まで、エリクソン社の常務取締役を務めた。

director「取締役」
年号の読み方は 2 桁ずつ nineteen seventy-eight、nineteen eighty-five のように読む。ただし、2000 年以降は、two thousand、two thousand one のように読む。

2 **Remember that our year-end bonuses will be paid on December 31 this year.**

年末のボーナスは、今年は 12 月 31 日に支給されることを覚えておいてください。

月の名前の付いた日付は December thirty-first のように序数で読む。書く場合も、December 31st のように数字に序数の語尾を付けることもある。

3 **Please mark Friday, November 22, on your calendar.**

11 月 22 日の金曜日を予定に入れておいてください。

月日と曜日をいっしょに言う場合は、曜日を先に、月日をあとから言う。書く場合は、曜日のあとにコンマを付ける。

4 **We are open from 10:00 a.m. to 8:00 p.m. every night.**

開店時間は午前 10 時で、毎晩午後 8 時まで営業しております。

時間に「午前」や「午後」を付ける場合、数字のあとに a.m. や p.m. を付ける。よく街角で AM などを先に付けているのを見かけるが、これは間違い。

> このあと CD の音声はありません

5 It's now quarter to six in the evening. We are closing in 15 minutes.

ただいま夕方の6時15分前です。あと15分で閉店いたします。

---

quarter to six は「6時15分前」という意味。「…前」と言う場合は to を使う。「…過ぎ」は after や past を使って quarter after six（6時15分過ぎ）、ten past nine（9時10分過ぎ）のように言う。

6 Late-night bus service begins operating between midnight and 6:00 a.m.

深夜12時から午前6時までのあいだ、深夜バスが運行されることになりました。

---

midnight は、正確には「夜中の12時」だが、単に「深夜」という意味で使うこともある。

7 Our hours are from 6:00 a.m. until 10:00 p.m. daily.

営業時間は毎日午前6時から午後10時までです。

---

from ... to ～も from ... until ～も「…から～まで」という意味だが、until を使うと終わる時間に重きを置いているニュアンスが強くなる。

8 All of the major financial institutions are within five minutes' walk.

主要金融機関はすべて徒歩5分圏内にあります。

---

institution「機関、施設」
five minutes' walk のように複数形に「アポストロフィ・エス」を付ける場合は、「アポストロフィ」だけを付ける。

9 **The bus leaves every hour on the hour between 9:00 in the morning and 9:00 at night.**

バスは午前9時から午後9時のあいだ、毎時ちょうどに出発します。

---

every hour on the hour は「毎時ちょうどに」という意味。「毎時30分に」は every hour on the half hour と言う。

---

10 **We'll take a 15-minute break before our panel begins at two o'clock sharp.**

2時きっかりにパネル討論を始めますが、その前に15分の休憩を取りましょう。

---

a 15-minute break は「15分の休憩」という意味。15-minute は break を修飾する形容詞の役割をしているので、minute は複数形にしない。また、at two o'clock sharp は「2時きっかりに」という意味。

---

2. 値段の言い方

1 **We are offering one fifth off until the 30th.**

30日まで20%オフでご奉仕します。

---

one fifth は「5分の1」ということ。分数は分子を基数で言い、分母を序数で言う。「○分の1」の場合は序数は複数形にならないが、分子が複数の場合は序数も複数形にする。
　【例】 4分の3　⇒　three fourths

---

2 **Monthly passes are $30 for adults and $14 for children.**

1か月の月極め利用券は大人30ドル、子ども14ドルです。

> CDの音声はありません

$30 は thirty dollars と読む。dollar を複数形にしない間違いをよく耳にするが、複数の場合は必ず dollars と複数形にしよう。for のあとには対象になる名詞がくる。

---

3 **Permits are from $20 to $90 based on the size of the vehicle.**

許可証の料金は、車両の大きさによって20ドルから90ドルです。

---

from $20 to $90 の読み方は from twenty to ninety dollars となる。最初の20には dollars を付けない。

---

4 **You can save up to 25% off regular ticket prices.**

通常の料金から25％の割引が受けられます。

---

up to は「…まで」という意味で、値段の上限を述べるときによく使う表現である。

---

5 **Student passes are available at a 30% discount for ages 10 to 18.**

学生周遊券は10歳から18歳までで30％の割引です。

％は、複数の場合でも percent のまま。ちなみに、teenager は13歳から19歳まで。語尾に -teen が付く数字の場合である。12は twelve で -teen は付かない。また、20は twenty で、これにも -teen が付かない。

---

6 **We help you find a nice three-bed-room home under 250 thousand dollars.**

25万ドル以下のすてきな3LDKの家をお探しするお手伝いをいたします。

---

three-bed-room はあとに続く home を修飾する形容詞なので、bed も room も複数形にしない。また、英語では数字は3桁ずつ区切って言う。
【例】100,000 ⇒ a hundred thousand　　10,000,000 ⇒ ten million
なお、hundred、thousand、million などは、数字を数える場合は複数形にしない。

3. 数字を使ったいろいろな表現

1　He lives at 1243 Laurel Street.

彼はローレル通り1243番地に住んでいる。

番地は2桁ずつ区切って言う。【例】1243 ⇒ twelve fourty-three

2　His backyard is more than 200 square meters.

彼の裏庭は200平方メートル以上の広さだ。

square meters は「平方メートル」という意味。

3　She bought two packs of six 12-ounce beer cans.

彼女は12オンスの缶ビール6本セットを2パック買った。

オンスは、重さと液体の量では単位が違う。重さの場合1オンスは約28グラムだが、液体の1オンスは約29.57cc。したがって、12オンスは約354cc。

4　That was the first time he ran 42.195 kilometer marathon.

彼が42.195キロのマラソンを走ったのは、それが初めてだった。

42.195 は、forty-two point one ninety-five のように読む。

5　In Death Valley, the temperature could top out at 135 degrees Fahrenheit, or 57 degrees Celsius.

デス・バレーでは最高気温が華氏135度、つまり摂氏57度になることもある。

華氏と摂氏の換算式は192ページを参照。

6 The song was very popular in the late 1970s.

その歌は 1970 年代後半にはとても人気があった。

「…年代」と言う場合は、一般的には、この文のように複数形にする。「アポストロフィ・エス」にすることもある。

7 If you have seen the cat, please call Veronica at 294-3782.

そのネコを見かけましたら、294-3782 番のベロニカまでお電話ください。

電話番号は数字を 1 つずつ言う。

8 The deceased is survived by his wife Vivian, and daughters Kim and June, 47 and 45 respectively.

ご遺族は妻のヴィヴィアンさんと娘のキムさん、ジューンさんで、それぞれ 47 歳と 45 歳になります。

respectively は「それぞれ」という意味。この語源の respect は「細部、細目」という意味。

9 The first half has ended. The score is two-to-nil.

前半が終了しました。スコアは 2 対 0 です。

スコアの「ゼロ」は nil と言うことが多い。zero はあまり使わない。

10 He has hit an amazing 415 with men in scoring positions.

彼は、驚異の得点圏打率 4 割 1 分 5 厘となっています。

打率はふつうの数字のように言うことが多い。
【例】 4 割 1 分 5 厘 ⇒ four hundred fifteen

〔著者紹介〕

赤井田 拓弥（あかいだ たくや）

　世界自然遺産の地・鹿児島県屋久島生まれ。北九州大学（現・北九州市立大学）外国語学部卒業。米国留学後、編集プロダクション勤務を経て㈱ナラボー・プレス設立。

　TOEICの考案・開発にかかわった三枝幸夫教授の指導のもと、数々のTOEIC関連・英語教育関連の書籍、雑誌、教材を制作する。

　主な著書に、『ＣＤを聞くだけで英単語が覚えられる本』『ＣＤを聞くだけで英単語が覚えられる本［中級編］』（中経出版）、『TOEIC®リスニング完全攻略』『TOEIC®テスト完全模擬問題集』（ともにジャパンタイムズ）、『頭が英語モードになる！トレーニング』（宝島社）など多数。

執筆協力／Jeffrey M. Bruce、吉田 剛
編集／㈱ナラボー・プレス
　　　土屋 裕士
　　　田村 佳代

CDを聞くだけで英語表現が覚えられる本　（検印省略）

2005年 9月 2日　第1刷発行
2005年 9月25日　第2刷発行

著　者　赤井田 拓弥（あかいだ たくや）
発行者　杉本 惇

発行所　㈱中経出版
　　　　〒102-0083
　　　　東京都千代田区麹町3の2 相互麹町第一ビル
　　　　電話　03(3262)0371（営業代表）
　　　　　　　03(3262)2124（編集代表）
　　　　FAX 03(3262)6855　振替 00110-7-86836
　　　　ホームページ　http://www.chukei.co.jp/

乱丁本・落丁本はお取替え致します。
DTP／MAT　印刷／文唱堂印刷　製本／越後堂製本

©2005 Takuya Akaida, Printed in Japan
ISBN4-8061-2274-2 C2082